# TRANSFERÊNCIA DE RENDA NO BRASIL:
## entre a herança recebida e a direção prometida

EDITORA AFILIADA

*Conselho Editorial da Coleção Renda Básica*
Aldaiza Sposati
Leandro Ferreira
Fábio Waltenberg
Lena Lavinas
Maria Ozanira Silva e Silva
Paul Katz
Thiago dos Santos Rocha

*Associação Rede Brasileira de Renda Básica (RBRB)*
Eduardo Matarazzo Suplicy: Presidente de Honra
Leandro Ferreira: Presidente
Tatiana Roque: Vice-presidente
Bruna Carnelossi: Secretária
Marilia Gabriela dos Santos Silva: Tesoureira
Fábio Domingues Waltenberg: Diretor Científico
Marcelo Lessa: Diretor de Comunicação
Paola Loureiro: Diretora de Relações Internacionais e Institucionais
Aldaiza de Oliveira Sposati: Conselho Fiscal
Fernando José Gomes de Freitas: Conselho Fiscal

Para mais informações acessar:
www.rendabasica.com.br

**Dados Internacionais de Catalogação na Publicação (CIP)**
**(Câmara Brasileira do Livro, SP, Brasil)**

Sposati, Aldaiza
Transferência de renda no Brasil : entre a herança recebida e a direção prometida / Aldaiza Sposati, Paulo de Tarso Meira. – 1. ed. – São Paulo : Cortez, 2023. – (Coleção renda básica ; 1)

Bibliografia.
ISBN 978-65-5555-428-1

1. Política social - Brasil 2. Programas de sustentação de renda - Brasil 3. Renda - Distribuição - Brasil I. Meira, Paulo de Tarso H. de. II. Título III. Série.

23-172228                 CDD-362.5820981

**Índices para catálogo sistemático:**

1. Brasil : Programas de sustentação de renda : Bem-estar social 362.5820981

Cibele Maria Dias - Bibliotecária - CRB-8/9427

Aldaiza Sposati
Paulo de Tarso Meira

# TRANSFERÊNCIA DE RENDA NO BRASIL:
## entre a herança recebida e a direção prometida

RENDA
BÁSICA
em DEBATE

VOLUME 1

CORTEZ
EDITORA

TRANSFERÊNCIA DE RENDA NO BRASIL: entre a herança recebida e a direção prometida
Aldaiza Sposati
Paulo de Tarso Meira

*Direção Editorial*: Miriam Cortez
*Coordenação editorial*: Danilo A. Q. Morales
*Assistente editorial*: Gabriela Orlando Zeppone
*Preparação de originais*: Márcia Leme
*Revisão técnica*: Raquel C. S. da Costa
*Revisão*: Tuca Dantas
       Márcia Nunes
       Agnaldo Alves
*Diagramação*: Linea Editora
*Capa*: Maurelio Barbosa

Nenhuma parte desta obra pode ser reproduzida ou duplicada sem autorização expressa do(a) autor(a) e do editor.

© 2023 by Autor
Direitos para esta edição
CORTEZ EDITORA
R. Monte Alegre, 1074 – Perdizes
05014-001 – São Paulo-SP
Tel.: +55 11 3864 0111
editorial@cortezeditora.com.br
www.cortezeditora.com.br

Impresso no Brasil – novembro de 2023

# Sumário

Apresentação da Coleção .................................................. **7**
Introdução: Um sonho cada vez mais real ................. **11**

### PARTE I

**Capítulo 1:** Registros iniciais ........................................... **21**

**Capítulo 2:** Injunções, distinções e convergências entre Renda Básica e transferência de renda no Brasil ............................................................................. **41**

### PARTE II

**Capítulo 3:** Apontamentos sobre a evolução do PTRC no Brasil .................................................................. **71**

**Capítulo 4:** Análise longitudinal das linhas de elegibilidade e do valor de benefícios no PTRC: 2003 a 2022.................................................................. **84**

**Capítulo 5:** Incidência longitudinal da relação CadÚnico e cobertura de beneficiários de PTRC no país e por regiões entre 2020 e 2022...... **103**

**Capítulo 6:** Incidência longitudinal por tipo de composição do agregado familiar beneficiado pelo PTRC ...... **124**

## PARTE III

**Capítulo 7:** Apontamentos finais...... **133**

Referências ...... **157**

Sobre o/a autor/a ...... **159**

# Apresentação da Coleção

A longa batalha pela Renda Básica é parte de uma força viva em prol da dignidade humana. Aqueles e aquelas que sonham com o reconhecimento igualitário da cidadania e o direito à liberdade encontram na luta pela participação na riqueza de forma universal e incondicional um desafio com o qual não se pode deixar de sonhar. Ao mesmo tempo, a tradição tem sido de persistência para abrir caminhos que levem ao aperfeiçoamento das mais diversas formas de ação do Estado e da sociedade em prol de maior proteção social e ampliação de oportunidades até que se alcance a Renda Básica.

O Brasil tem dado enorme contribuição para o desenvolvimento dessas ideias e desses objetivos, e não apenas em função da Lei Federal n.10.835, de 2004, que institui a Renda Básica de Cidadania. Essa lei, resultante do trabalho incansável de Eduardo Suplicy, demonstra todos os dias que o esforço por sua efetiva implementação estava apenas começando quando o Presidente Lula realizou sua sanção, a primeira do tipo no mundo. De lá para cá, o Bolsa Família, compreendido por muitos como um possível caminho para se alcançar a Renda Básica, cresceu e se consolidou como um dos mais importantes programas de transferência de renda do mundo. O programa foi brevemente encerrado em um período sombrio da democracia brasileira, mas retomado na sequência com a inclusão explícita em sua lei de que se trata da primeira etapa para se alcançar a Renda Básica de Cidadania.

Esse fato não se deu de forma natural. O entusiasmo pela Renda Básica é crescente em todo o planeta, inclusive em razão das transformações no mundo do trabalho. Mais e mais, pesquisas de rigor acadêmico têm demonstrado as suas vantagens e possibilidades de implementação. A Rede Brasileira de Renda Básica (RBRB), formalizada como associação civil em 2019, tem promovido estudos, incidência sobre órgãos públicos nos Poderes Executivo, Legislativo e Judiciário, controle social por meio de sua participação no Conselho Nacional de Assistência Social, eventos e encontros de ativistas que desejam se somar a essa luta.

Durante a pandemia de covid-19, a RBRB construiu, em conjunto com outras organizações, uma campanha que foi determinante para garantir que o Auxílio Emergencial fosse uma medida potente no enfrentamento aos problemas econômicos, inclusive em sua fase de implementação, que foi monitorada de perto por nós, permitindo o aperfeiçoamento do programa que levou à elegibilidade de milhões de novas famílias como beneficiárias. As parcerias se estenderam, por exemplo, a uma colaboração formal com a Defensoria Pública da União, que, entre outros objetivos, alcançou a determinação de que a Lei n. 10.835/2004 devesse ser regulamentada, o que mais tarde impactou o Novo Bolsa Família.

O próprio Programa Social de Governo Bolsa Família (PBF), tal como implementado em 2023, recebeu indicações da RBRB que foram discutidas com parceiros, como a Fundação Tide Setúbal, a respeito da instituição e incorporação do Benefício Universal Infantil, a fim de corrigir o tratamento desigual a crianças e adolescentes praticado pelo Estado brasileiro, e garantir o reconhecimento do direito à renda como forma de garantia do pleno desenvolvimento de crianças e adolescentes de 0 a 18 anos. Decorreu daí a inclusão no PBF, para além do benefício família, de outro benefício de R$ 150,00, proposto para crianças de 0 a 6 anos, e um complemento de R$ 50,00 para crianças e adolescentes de 7 a 18 anos. É importante salientar que o Auxílio Brasil, do governo antecedente, introduziu o benefício único por família.

A Coleção Renda Básica em Debate é gentilmente editada pela Cortez Editora. Pode-se dizer que a Cortez é a casa de inúmeros autores dedicados ao tema, e sua escolha torna-se mais que natural para publicar produções da RBRB. A coleção torna-se possível também em razão da parceria da RBRB com a *Open Society Foundations*, provedora de recursos para o desenvolvimento de atividades de nossa rede.

Esperamos que os leitores possam apreciar todos os livros da coleção, que abrangem diversos campos de conhecimento, como economia, direito, filosofia, serviço social, gestão pública e outros.

Saudações incondicionais!

*Leandro Ferreira*
Presidente da RBRB

# Introdução

# Um sonho cada vez mais real

Quem me conhece sabe quanto tenho me empenhado para ver em vida a implantação do projeto que prevê a Renda Básica de Cidadania, universal e incondicional, para todas e todos. Acredito que meu sonho está cada vez mais próximo de se tornar realidade — e foi ele que me levou novamente a Brasília no último dia 25 de abril. Fiquei feliz em voltar ao Senado após 24 anos de mandato, de 1991 até 2015. Convidado pelo senador Fabiano Contarato (PT-ES), presidente da comissão mista da Medida Provisória n. 1.164, participei da audiência pública para debater como pode se dar a transição do Bolsa Família para a universalização da Renda Básica de Cidadania (RBC).

Isso porque a própria MP explicita que o Bolsa Família constitui etapa do processo gradual e progressivo de implementação da RBC (parágrafo único do art. 6º da Constituição, e § 1º do art. 1º da Lei n. 10.835/2004). Fui convidado por ser o autor dessa lei, aprovada por todos os partidos no Congresso Nacional e sancionada pelo presidente Luiz Inácio Lula da Silva há 19 anos.

As sugestões para aperfeiçoar a MP nasceram de diálogos com o vice-presidente, Geraldo Alckmin, o ministro do Desenvolvimento, Assistência Social, Família e Combate à Fome, Wellington Dias, o senador Fabiano Contarato, o deputado Dr. Francisco (PT-PI), a professora Aldaiza Sposati, o presidente da Rede Brasileira da Renda Básica, Leandro Ferreira, e representantes de entidades de assistência social.

Sugerimos, por exemplo, a criação de um grupo de trabalho que envolva o Congresso Nacional, o Poder Executivo e a participação de estudiosos para analisar os passos do Bolsa Família em direção à Renda Básica. Mas como chegamos até aqui?

Na audiência pública recentemente em Brasília, expus como apresentei, em 1991, um primeiro projeto de garantia de renda mínima a partir de um imposto de renda negativo. Pela proposta, toda pessoa adulta que não ganhasse algo similar a US$ 150 por mês — em valores de 1991, esse valor equivalia a cerca de dois salários mínimos — teria direito a receber 50% da diferença entre aquele montante e seu nível de renda.

Com parecer favorável do senador Maurício Correa (PDT-DF) para que fosse instituído por etapas, ao longo de oito anos, começando pelos mais velhos, o projeto foi aprovado quase que por consenso dos 81 senadores.

No mesmo ano, quando apresentei o projeto para um grupo de economistas do PT, o professor José Márcio Camargo (PUC-RJ) ponderou que seria bom começar a renda mínima pelas famílias mais pobres, desde que colocassem suas crianças nas escolas. Seria uma maneira de cortar um dos círculos viciosos da pobreza.

Quando o professor Philippe van Parijs fez palestras na UFRJ e na USP, em 1994, e soube que o Senado havia aprovado a garantia de renda mínima, convidou-me para participar do 5º Congresso da Rede Mundial da Renda Básica, ou Bien (Basic Income European Network).

Ali conheci tantos outros entusiastas da ideia, como Guy Standing, Claus Offe, Karl Widerquist. Mais tarde, a Bien passou a significar, por minha sugestão, Basic Income Earth Network, com vistas a englobar um maior número de discussões em todos os continentes.

Em outubro de 1996, quando Van Parijs voltou ao Brasil, marquei uma audiência com o presidente Fernando Henrique Cardoso e o ministro da Educação, Paulo Renato Souza.

Van Parijs explicou ao presidente que o objetivo maior seria a Renda Básica universal e incondicional, mas enfatizou que iniciar a garantia de uma renda mínima relacionada à educação significaria um investimento em capital humano.

Fernando Henrique deu então sinal verde para que o Congresso Nacional, com meu apoio e de todos partidos, aprovasse o que veio a ser a Lei n. 9.533/1997, que assegurava às famílias carentes uma renda mínima desde que suas crianças estivessem na escola.

No mesmo ano, Fernando Henrique promulgou o Programa Bolsa Alimentação, pelo qual as famílias teriam direito a receber uma renda mínima desde que, entre outros fatores, os pais levassem suas crianças aos postos de saúde para que fossem vacinadas.

Em 2003, no início de seu primeiro governo, o presidente Lula lançou o Programa Fome Zero. Cada família que não alcançasse determinado nível de renda passaria a ter direito de receber um cartão alimentação no valor de R$ 50,00. Em outubro do mesmo ano, Lula resolveu racionalizar e unificar os programas Bolsa Escola, Bolsa Alimentação, Auxílio Gás e Cartão Alimentação, no que veio a ser chamado de Bolsa Família.

Em dezembro de 2003, havia 3,5 milhões de famílias beneficiárias no programa. O número foi gradualmente aumentando, até chegar a mais de

14,2 milhões de famílias em 2014/2015, a partir do compromisso dos beneficiados com saúde e educação.

Mais e mais interagindo com os membros da Bien, fiquei persuadido de que a Renda Básica universal seria uma evolução dos programas com condicionalidades e apresentei, em dezembro de 2001, um projeto de lei com essa proposição.

O relator, senador Francelino Pereira, ponderou que a Renda Básica precisaria estar de acordo com a Lei de Responsabilidade Fiscal. Para cada despesa, há necessidade de detalhar a receita correspondente.

"Que tal aceitar um parágrafo que diga que será instituída gradualmente, a critério do Poder Executivo, começando pelos mais necessitados?" Assim foi feito, o PL foi aprovado no Senado e na Câmara, por todos os partidos, e sancionado pelo presidente Lula em 8 de janeiro de 2004.

Os governos de Michel Temer e Jair Bolsonaro tiveram muito menor atenção com os programas de transferência de renda e com os objetivos fundamentais de erradicação da pobreza e de diminuição da desigualdade. Assistimos a um retrocesso com períodos de recessão, crescimento do desemprego e da pobreza absoluta e relativa e aumento do número de pessoas em situação de rua em quase todos os municípios brasileiros.

Uma importante iniciativa da Defensoria Pública da União do Rio Grande do Sul provocou uma decisão do Supremo Tribunal Federal. Em nome de uma pessoa em situação de rua em Porto Alegre — Alexandre da Silva Portuguez, 51, com epilepsia —, a defensoria impetrou um mandado de injunção junto ao STF, denunciando que o governo Bolsonaro deveria cumprir a lei de Renda Básica de Cidadania.

Em 26 de abril de 2021, o STF acatou o mandado de injunção, obrigando o governo federal a cumprir a lei. Bolsonaro tentou responder, mas inadequadamente, com o programa Auxílio Brasil. O nosso projeto elimina toda e qualquer burocracia. Eliminamos qualquer sentimento de estigma ou de vergonha de a pessoa precisar dizer: "Eu só recebo tanto, e por isso preciso de tal complemento". Eliminamos o fenômeno da dependência, que acontece quando uma pessoa está por aceitar ou não certo trabalho.

A principal vantagem da RBC é do ponto de vista da dignidade e da liberdade do ser humano. Para aquela mãe que, não tendo alternativa para alimentar sua família, resolve se prostituir; ou para aquele rapaz que, por não conseguir contribuir para o orçamento familiar, resolve se tornar um aviãozinho da quadrilha de narcotraficantes.

Como o "Homem na estrada", de Mano Brown, no dia em que houver a RBC, essas pessoas ganharão o direito de dizer: "Não, agora eu não preciso aceitar esta única alternativa que me surge pela frente". É nesse sentido, pois, que o programa vai elevar o grau de liberdade e de dignidade de todas as pessoas na sociedade.

Mas todas as pessoas vão receber, até os mais ricos? Sim, mas obviamente os mais ricos colaborarão mais para que eles próprios e todos os demais venham a receber.

Personalidades como o papa Francisco, Barack Obama, Muhammad Yunus, James Tobin, Amartya Sen têm se manifestado em favor da Renda Básica universal. Estima-se que 130 países estão realizando projetos e debates sobre o tema.

No livro *Vamos sonhar juntos* (2020, p. 143), o papa Francisco faz uma importante reflexão:

> Acredito que seja hora de explorar conceitos como o da Renda Básica universal, que poderia redefinir as relações no mercado laboral, garantindo às pessoas a dignidade de rejeitar condições de trabalho que as pressionam na pobreza. Daria aos indivíduos a segurança básica de que precisam, eliminando o estigma do seguro-desemprego, e facilitaria a mudança de um trabalho para outro, como cada vez mais os imperativos tecnológicos do mundo trabalhista exigem.

Como o papa Francisco, eu acredito que é possível colocar em prática instrumentos de política econômica que possam elevar o grau de justiça na sociedade.

A Renda Básica universal é um instrumento poderoso para um mundo mais justo e igualitário. Tenho confiança de que o Congresso Nacional vai aprovar as emendas propostas pela Rede Brasileira da Renda Básica para que o sonho, finalmente, torne-se realidade.

*Eduardo Matarazzo Suplicy*

Texto publicado no jornal *Folha de S.Paulo*, no caderno Ilustrada Ilustríssima (p. C6), em 7 de maio de 2023. Sua reprodução como introito ao presente ensaio foi autorizada pelo autor.

# PARTE I

# 1
# Registros iniciais

Janeiro de 2023, início do Governo Democrático da Reconstrução e da Esperança no Brasil, sob o comando do Presidente Luiz Inácio Lula da Silva e, com ele, o Programa Governamental de Transferência de Renda sob Condicionalidades (PTRC), sob o título de Programa Social de Governo Bolsa Família (PBF), marca de seu primeiro governo em 2003.

Essa decisão histórica provocou inquietude sobre o que seria a terceira versão, após 20 anos, do PBF-3. A realidade do país em 2023, sem dúvida, mostra-se distante daquela do desempenho inaugural de iniciar a transferência de renda para a família, que era o propósito do PBF-1. Não seria uma proposta vinculada à educação nem a um indivíduo; mas sim a um conjunto de pessoas ligadas por laços consanguíneos e vivência agregada em uma só moradia.

Em 2023, as condições de vida da população, pós-pandemia da covid-19, foi marcada pelo luto de 700 mil mortes, pelo desemprego, pela fome atingida que foi pela sindemia da covid-19, ou seja, pela presença de múltiplas expressões sociais que manifestavam a precarização de condições de vida e a necessidade de busca de proteção social do Estado para a sobrevivência de crianças, jovens, adultos e idosos. Condições já precárias de sobrevivência de segmentos da população se agudizaram com a sindemia da covid-19.

Essa precarização de condições, para preservação da dignidade humana, passou a exigir respostas estatais urgentes em busca do reconhecimento pelo Estado da garantia de dignidade humana para todos os brasileiros. Esse tensionamento, por certo, mostrou que não bastava a alteração do título do programa de transferência de renda, ou seu retorno ao que já havia sido, antes da pandemia da covid-19. Mostrou-se necessário avançar para a reprodução do formato adotado há 20 anos pelo PBF-1.

Outro elemento importante a ser destacado é o fato de que nos 20 anos passados ocorreram alterações na legislação de regulação social do Estado brasileiro que acentuaram sua responsabilidade pela presença, da Renda Básica de Cidadania, inserida na Constituição Federal de 1988, por emenda constitucional que a introduziu como um dos direitos à dignidade humana. A primeira questão que se apresentou foi: em face a mudanças socioeconômicas ocorridas, seria caso de apresentar uma nova proposta de transferência condicionada de renda, uma reedição do PBF ou seria possível inovar apresentando uma proposta de Renda Básica, avançando no acesso ao direito conforme o disposto constitucional?

A frase corrente dentre analistas políticos, sociais e econômicos do país era "o Brasil mudou". De fato mudou, mas nem sempre em direção à garantia de direitos humanos e sociais. A realidade do país permanece marcada pela alta desigualdade social e econômica com índices alarmantes de miséria, pobreza, fome e desemprego agravados pela sindemia da covid-19. Alinhar o PBF-3 como um propulsor de novas condições, diante dessa realidade, deveria ir além de apoios monetários individuais necessários à sobrevivência? Haveria a possiblidade de um programa social de transferência de renda em superar a miséria, sabendo-a distinta da incidência da pobreza e os interditos que impedem o pleno reconhecimento social da dignidade e da cidadania àqueles que sobrevivem sob vida precarizada e muito distante de serem reconhecidos como cidadãos?

O adequado seria trazer a nova proposta como um programa de governo ou, no seu lugar, propor o acesso à renda como uma política de Estado, uma vez já inscrita no artigo 6º da Constituição?

Uma barreira se colocou à efetivação de um avanço para consolidar uma nova proposta de tratamento da transferência de renda: ela implicaria possibilitar o acesso à renda fora da relação de trabalho na condição de direito de sobrevivência. Essa proposta não foi incluída no Programa de Governo da candidatura eleita. A Lei n. 10.835, de 2004, indicou em seu texto que a transferência condicionada de renda seria um primeiro passo para Renda Básica de Cidadania, mas, passados 20 anos, essa progressão não constou das metas dos cinco governos que ocuparam a presidência do país. Foi essa lei que introduziu no Estado brasileiro a concepção de Renda Básica de cidadania como direito de todos os brasileiros e indicou sua implantação por etapas. Todavia, essa legislação, apesar de existente, nunca foi regulada nem incorporada nas versões do PBF-1 e PBF-2. E a realidade jurídica do país seguiu aproximando a transferência de renda do campo dos direitos, afastando-a da condição limitada de ser um programa de governo ou um lugar ausente do direito de exercício aos direitos de cidadania.

Duas situações jurídicas superaram em 2023 o limite imposto de não regulação da Lei n. 10.835 em 2004. A primeira decorre do parecer a dois mandados de injunção demandados ao Supremo Tribunal Federal e proferidos: um, em 27 de abril de 2021, que, para garantir o direito constitucional de acesso a um benefício estatal a um morador de rua, determinou que o governo do **país implantasse, a partir de 2022, a Renda Básica de cidadania**; o segundo, em 19 de dezembro de 2022, mandado de injunção (M)3700, que obrigou o governo a **manter em 2023 o benefício no valor de R$ 600,00**.

A segunda se refere à Emenda Constitucional n. 114/21, promulgada em 16 de dezembro de 2021, que, por sua vez, introduziu um parágrafo único no artigo 6º da CF-88, que inscreve a Renda Básica como um direito de todo brasileiro.

> Todo brasileiro em situação de vulnerabilidade social terá direito a uma Renda Básica familiar, garantida pelo poder público em programa permanente de transferência de renda, cujas normas e requisitos de acesso serão determinados em lei, observada a legislação fiscal e orçamentária. (Parágrafo único, art. 6º, CF-88).

Entre 2003 e 2022, as diferentes conjunturas que atravessaram esse período, nos âmbitos da saúde, socioeconômico-jurídico e político, provocaram alterações sensíveis às contingências políticas das relações entre **Estado-governante-sociedade-segmento de classe social.**

A extrema disputa ideológica que atravessou e atravessa a conjuntura político-social brasileira, no último quadriênio, pré-indica que a proposta para o PBF-3 não deverá se pautar na reprodução do PBF-1 ou do PBF-2, tanto em formato como em valores, pois sua protoforma prenunciada na campanha eleitoral por Luiz Inácio Lula da Silva, seu vencedor, se pautou em um benefício de valor único de R$ 600,00 e, ainda, um benefício por criança de 0-6 anos no valor de R$ 150,00 mensais *per capita*. O valor de permanência de R$ 600,00 se coloca como necessário, ainda que, em 2023, a intensa inflação tenha reduzido o poder de compra desse valor em comparação com 2020, quando foi utilizado no governo antecessor no Auxílio Emergencial. O valor único para todos é fundamental e constrói tanto a identidade de pertencimento como a percepção de certeza em contar com uma garantia da seguridade social.

O governo do Estado brasileiro, tensionado pelo Pacto pela Democracia, vê-se compelido a responder à demanda social pela equidade de trato das diversidades, pela superação da vida sob fome e miséria e pela construção de respostas que não mais reproduzam o trato humano dos brasileiros pela homogeneidade e supremacia branca, sem distinção da trajetória de negros, povos tradicionais, mulheres e mães negras. Introduzir o reconhecimento da diversidade no PBF-3 se torna um desafio.

Diga-se, ainda, que o alcance de um PTRC não está contido em ser apenas uma operação de transferência estatal de renda a um segmento da população miserabilizado. A ele está inerente, mesmo que invisível, a relação Estado-cidadão, que contém potência não só para acentuar como se faz, mas sobretudo para **superar a subalternização presente na relação cívica entre Estado democrático e sua atenção aos segmentos da classe trabalhadora, sobretudo, quando desprovidos de condições de sobrevivência digna.**

Facilmente, essa pertinência estruturante é esquecida, sendo tornada invisível e subordinada à meritocracia transmutada em atenção a "vulneráveis", ou de humanos que são desprovidos de direitos e de trato pautado na dignidade humana que não lhes é reconhecida, não são inseridos em canais de participação social, não contam com espaços de diálogo ou de escuta. Essas restrições desconectam a trajetória do PTRC do campo da participação social e da democracia na gestão da política social.

Mostra-se inadequado que o governo do Estado brasileiro abrace o entendimento de que um PTRC consista em um "amparo ao vulnerável" ou uma estratégia de mitigação das sequelas mais incisivas da miséria, como o é a fome. Não há informações sobre a fome presente dentre os 55 milhões de beneficiários ou de quantos deles pertencem aos estimados 33 milhões de brasileiros que sobrevivem sob fome[1].

---

1. Não existem ações ou programas vinculados à segurança alimentar de beneficiários de PTRC.

Abordar cidadãos sob miserabilidade pela expressão "vulnerável" os discrimina e os submete a um lugar sem significado concreto quanto à exclusão do reconhecimento de sua cidadania, o que significa que a dignidade humana de sobrevivência lhes é inalcançável. Reeditar em contexto democrático princípios patriarcais, como aquele em que o direito do cidadão é substituído pela expressão de bondade do gestor público, mostra-se altamente reprovável a um contexto republicano de trato igualitário e de fortalecimento democrático.

Para que a potência de reconhecimento social de cidadania possa se desenvolver, são necessários atos do governo de aceite e reconhecimento de sua efetiva participação e representação coletiva. São 55 milhões de beneficiários de transferência e 5 milhões do BPC, sem contar seus familiares. É necessário que contem com representação coletiva junto ao Estado brasileiro em sua expressão federativa, isto é, desde os governos dos municípios.

O estágio jurídico alcançado permite que se considere adequado propor ao PBF-3 que se institua não como um programa de governo, mas como uma **política de Estado** e, nesse caso, um direito de cidadania?

Este estudo tem por objetivo buscar elementos para responder à pergunta: "**Qual seria um**

**desenho para o PBF-3 para que fosse um dos passos na efetivação da Renda Básica no Brasil?".**

Não se trata, porém, de um estudo econômico ou pautado no Estado Fiscal, mas sim de um questionamento sobre os rumos do Estado Social brasileiro quanto ao acesso a uma renda de sobrevivência digna, para além da renda advinda do trabalho. Assim, ele se situa no âmbito do Estado Social, embora incida em aspectos do Estado Fiscal. Para sustentar tais indagações, buscou-se entender os rumos adotados entre 2003 e 2022 pela política federal de transferência condicionada de renda no país. Pode-se separar esse objeto em três recortes: a) o modelo adotado para a transferência de renda no Brasil reconhece direitos do cidadão e sua dignidade humana?; b) o modelo de gestão adotado nas duas versões do PBF, 1 e 2, são coerentes e consistentes com a democratização da sociedade brasileira?; c) o método para a seletividade de beneficiários é justo, coerente e respeitoso com o cidadão? E o valor monetário do benefício é compatível com o custo de vida?

Para alcançar elementos de respostas, o estudo processa o exame longitudinal de vinte anos das trajetórias dos PTRC de âmbito nacional no país: 2003-2023.

**Figura 1.** Alterações longitudinais da legislação de PTRC 2004-2022

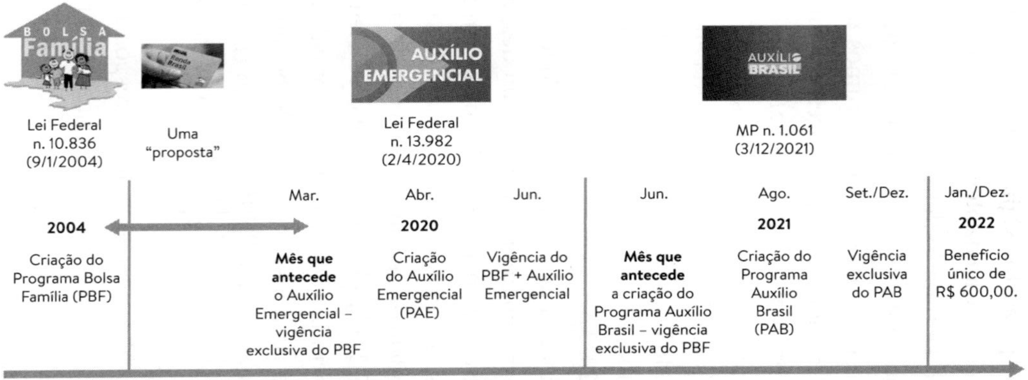

| 2004 | Mar. | Abr. 2020 | Jun. | Jun. | Ago. 2021 | Set./Dez. | Jan./Dez. 2022 |
|------|------|-----------|------|------|-----------|-----------|----------------|
| Lei Federal n. 10.836 (9/1/2004) | Uma "proposta" | Lei Federal n. 13.982 (2/4/2020) | | | MP n. 1.061 (3/12/2021) | | |
| Criação do Programa Bolsa Família (PBF) | **Mês que antecede** o Auxílio Emergencial – vigência exclusiva do PBF | Criação do Auxílio Emergencial (PAE) | Vigência do PBF + Auxílio Emergencial | **Mês que antecede** a criação do Programa Auxílio Brasil – vigência exclusiva do PBF | Criação do Programa Auxílio Brasil (PAB) | Vigência exclusiva do PAB | Benefício único de R$ 600,00. |

*Fonte:* Figura elaborada por Paulo de Tarso Meira a partir de informações da legislação pertinente.

Esse percurso exigiu a leitura de ocorrências desde o PBF-1, presentes entre 2003 e 2010, e do PBF-2, de 2011 e 2020, mais longevo que seu antecessor e mais sujeitado a alterações, pois foi comandado por três gestões presidenciais bastante distintas em suas intenções e ações. A distinção entre o PBF-1 e o PBF-2, para além de registrar a mudança do titular do governo, faz uma inflexão no modelo do PBF-1 ao direcioná-lo em 2011 para maior focalização na miséria, secundarizando a pobreza. Esse PBF-2, com mutações gerenciais, esteve presente no Governo Michel Temer e no Governo Jair Bolsonaro, por quase três anos, ou até 2021.

Essa trajetória recebeu um recorte analítico para o período entre 2019 e 2022, referente ao período do Governo Jair Bolsonaro. Isso ocorreu pelo fato de ser a realidade mais próxima do governo atual, o que implica a análise de impactos resultantes de mutações pretendidas.

É importante destacar a celeuma apresentada por alguns economistas, considerando que não seria justo que famílias de diferentes portes tivessem o mesmo valor de benefício. Voltavam, assim, à concepção de que benefícios variáveis seriam isonômicos para a formatação de cada família. Talvez essa fragmentação seja mais adequada para cálculos contábeis externos que medem a renda da família, mas não o poder aquisitivo que essa renda permite. O senso popular parece considerar que importa mais a segurança de permanência e de certeza em um valor comum de benefício para todas as famílias. É possível que esse seja um senso de justiça comum que externamente não se enxerga. A classe que vive do trabalho, que vive da mão para a boca, está habituada a ter a garantia do piso salarial independentemente do número de pessoas que compõem sua família. É a justiça trabalhista que estabelece o critério em que a isonomia reside no valor do trabalho do provedor e não de seus dependentes ou do valor para custeio da reprodução social da vida. No Brasil, os filhos do assalariado recebem, em 2023, R$ 59,82/mês só até os 14 anos de idade, e apenas se o salário do seu provedor for até R$ 1.754,18/mês. Caso ultrapasse esse valor, não recebem nada. Todavia, o IRPF considera o valor do dependente em R$ 189,59 para desconto do declarante no imposto a pagar e até os 21 anos dos filhos, que são prorrogáveis até os 24 anos.

Pode-se afirmar que o PAB-2, ao estabelecer um valor único de benefício, aproximou a transferência de renda a algumas das prerrogativas que presidem uma proposta de Renda Básica, ainda que o PAB-2 operasse para a família e não para o indivíduo e fizesse referência a condicionalidades, o que não caberia à Renda Básica por ser incondicional. O valor único do PAB-2 inicialmente fixado em R$ 400,00 alcançou os R$ 600,00.

A construção do PBF-3, sob valor único, deve contribuir para a redução da fome e da miséria de cidadãs e cidadãos brasileiros. Será um equívoco, e mesmo um retrocesso, não tratá-lo sob parâmetros democráticos em novo modo de gestão. Para tanto, e diante do cenário de alta inflação, os valores monetários operados deverão ter correções periódicas, o que não foi procedimento do PBF-1 nem do PBF-2.

O governo do Estado brasileiro, tensionado pelo Pacto pela Democracia, vê-se compelido a responder à demanda social pela equidade de trato das diversidades, pela superação da vida sob fome e miséria e pela construção de respostas que não mais reproduzam o trato humano dos brasileiros pela homogeneidade e supremacia branca, sem distinção da trajetória de negros, povos tradicionais, mulheres e mães negras. Introduzir o reconhecimento da diversidade no PBF-3 se torna um desafio.

A inclusão na campanha presidencial dos valores para a transferência de renda a ser adotada permitiu sua submissão a um foro popular, fato que é de grande importância, uma vez que a gestão dos PTRCs no Brasil tem sido esvaída de participação popular em sua condução. A gestão do PTRC não tem instalados canais de fala nem de escuta a beneficiários e a cadastrados. Trata-se de uma alteração urgente e necessária para que a transferência de renda não se acomode a ocupar um lugar apartado e apartador do reconhecimento social da cidadania. Ao falar de trato social e estatal de humanos, um *apartheid* na gestão se apresenta como uma colisão democrática. Não basta ser um programa social do governo sem a presença de compromisso democrático que o recoloque como um compromisso cidadão.

Este ensaio que examina os PTRCs brasileiros em sua longevidade de presença **indaga sobre a presença/ausência de escolhas democráticas em sua gestão social**, o que abrange a qualidade do pacto federativo e o modo de presença dos cidadãos beneficiários e dos demandantes ainda não incluídos[2].

Desenvolver este ensaio exigiu análise mais acurada das alterações vivenciadas no último governo (2019-2022), permitindo a aproximação da realidade dos beneficiários para 2023, ainda que com brevidade, mas buscando a melhor configuração do real.

## 1.1 Um pouco de método e de bases orientadoras

A análise longitudinal de programas de transferência condicionada de renda no Brasil se assenta em dispositivos normativos e legais que

---

2. Aqui não serão realizadas análises de resultados de cada modalidade e PTRC nas condições de vida dos beneficiários, pois isso exigiria um fôlego de trabalho analítico não disponível.

estabeleceram sucessivas alterações praticadas quanto às linhas seletivas de elegibilidade (com distinção entre miséria e pobreza), concepção de família como relação econômica ou relação de vínculos sociais; valores dos benefícios entre gerais e variáveis, quanto à família como uma unidade e variáveis por tipo de características do membro do núcleo familiar. Assim, crianças de uma família foram incluídas ou excluídas pela idade ou pelo número de irmãos, quebrando o princípio isonômico de proteção social integral.

**Quadro 1.** Datas escolhidas pelo estudo para recolha de incidências do PTRC entre 2020 e 2022

| Data | Ano | Situação |
|---|---|---|
| Março | 2020 | Mês que antecede a criação do Auxílio Emergencial — Vigência exclusiva do PBF |
| 1ª — Abril | 2020 | Criação do Programa de Auxílio Emergencial (PAE) |
| 2ª — Junho | 2020 | Vigência do PBF + Auxílio Emergencial |
| | 2021 | Mês que antecede a criação do Programa Auxílio Brasil — Vigência exclusiva do PBF |
| 3ª — Agosto (MP) | 2021 | Transição do Programa Auxílio Brasil (PAB) em convívio com o PBF-2 |
| 4ª — Novembro | | Implantação do PAB com vigência exclusiva |
| 5ª — Janeiro / Agosto / Dezembro | 2022 | Benefício único até agosto no valor de R$ 400,00 e, em seguida, R$ 600,00 |

**Nota 1:** Embora tenha sido criado pela edição da MP n. 1.061, em agosto de 2021, que mais tarde foi convertida em Lei (14.284, de 29 de dezembro de 2021), o pagamento do Auxílio Brasil só foi autorizado a partir da edição do Decreto n. 10.852, de 8 de novembro de 2021, que dispunha sobre a regulamentação do benefício, previsto em seu artigo 25. A divulgação do calendário de pagamento foi realizada no dia 11 de novembro, e os primeiros pagamentos (de 17 e 30/11) seguiram a modelagem do PBF. Disponível em: http://bit.ly/3lpWiuD. Acesso em: 22 fev. 2023.
*Fonte*: Elaborado por Aldaíza Sposati e Paulo Meira.

A análise longitudinal entre o PBF-1 e o PBF-2 adquiriu distinções por períodos de governo, a saber: PBF-1: 2003-2010 (Governos 1 e 2 de Lula); PBF-2 sob três governos: 2011-2015 (Governo Dilma Rousseff); em 2016-2018 (Governo Michel Temer); e em 2018-2021 (Governo Jair Bolsonaro). O Auxílio Emergencial (AE), em 2020 e de curta vigência, e o Auxílio Brasil em suas duas formas PAB-1 e PAB-2, no Governo Bolsonaro. Dentre esses foi escolhido como mais adequado a aproximação do período de 2020-2022, perante as turbulências vivenciadas entre modelos de PTRC adotados por um só governo. Com o objetivo de maior precisão, foram escolhidas cinco datas demarcatórias de mutações de PTRC durante o Governo Bolsonaro. Em cada mutação buscou-se, para maior evidência ao impacto da mudança, escolher data/dados do ano/momento imediatamente antecedente à alteração.

A obtenção de dados de cada período dependeu da oferta existente no Cecad e no Visdata. Por consequência, os limites da análise aqui realizada são dependentes da completude de informações atingidas por esses sistemas. Buscou-se conhecer o número de famílias e de pessoas cadastradas e de famílias e pessoas beneficiárias desde 2003. Tentou-se obter informes sobre incidência de diversidade etária, de gênero, de etnia, no total do país, nas regiões e, ainda, a incidência de tipos de famílias beneficiárias distintas pelo seu número de membros.

Entre as bases orientadoras da análise destacam-se:

a) **manter eixo analítico centrado na relação entre Renda Básica e PTRC:** entende-se a Renda Básica como uma construção histórico-social avançada no que se refere ao acesso à moeda como condição à vida digna na sociedade regulada pelo mercado. Nessa dimensão, ela se configura mais como uma política econômica e cidadã que não se enquadra na concepção de política social que desmercadoriza acessos sociais. Todavia, na sociedade capitalista de mercado, muitos dos acessos são monetarizados e nem todos têm acesso à moeda (como os rentistas) por outro meio plausível que não seja a remuneração do trabalho.

A Renda Básica, por todo seu debate mundial, produção de textos, reflexão em rede mundial (BIEN — Basic Income Earth Network — Rede Mundial de Renda Básica) recebe trato conceitual e humanista mais avançado do que o PTRC, que se ajusta às particularidades de cada realidade. O PTRC opera como uma regulação de ajuste econômico-social, portanto, um programa governamental sem o estatuto afiançador de direitos. A Renda Básica tem orientação civilizatória assentada em direitos humanos e sociais, assim, seus elementos, na sociedade de mercado, avançam no sentido de operar garantias de sobrevivência e de dignidade humana, podendo orientar formas de acesso à renda para programas governamentais que não alcançaram seu desenvolvimento[3];

b) necessidade em indagar sobre a **presença de direitos e do trato dos direitos de cidadania e democráticos presentes nos procedimentos do PBF-1 e PBF-2 pelos entes federativos.** Verificou-se, por estudos desenvolvidos pelos autores deste ensaio, a ausência desse quesito e de instância recursal e de escuta da/o beneficiária/o;

c) **superar o modelo homogêneo de gestão dos PTRCs pela seletividade da renda *per capita*, descartando a presença da diversidade de requerentes** da demanda, o que se confronta com realidades do cotidiano tangidas por discriminações de gênero, etária, de etnia, constitutivas de suas vidas e ancestralidades e dos seus territórios de assentamento. Essas

---

3. Aqui com certeza há uma analogia metodológica com a concepção de que "a anatomia do ser humano é uma chave para entender a anatomia do macaco" (MARX, Karl. *Grundrisse*. Rio de Janeiro: Ed. UFRJ; São Paulo: Boitempo; Rio de Janeiro: Editora da UFRJ, 2011. p. 58). A respeito, vide Fábio Afonso Frizzo e José Ernesto Moura Knust. *A anatomia do macaco: marxismo e pré-capitalismo*. Disponível em: https://bit.ly/3srOaYf. Acesso em: 14 set. 2023.

dimensões não são visibilizadas e não recebem reconhecimento social;

d) **superar o cálculo de renda** *per capita* **familiar** desprovido do reconhecimento do modo com que se dá a relação provedor-dependente e trato homogêneo dos que vivem sob o mesmo teto, independentemente de idade e de relações provedoras e parentais;

e) **superar a transformação em renda familiar de eventuais valores de benefícios recebidos** pelos que vivem sob o mesmo teto, até mesmo quando isso ocorre com uma criança, o que significa o trato da criança como um trabalhador;

f) **superar a adoção de linhas de elegibilidade desconectadas de referências universais e do custo real do acesso a bens, mantido** no PBF-1, no PBF-2, no Auxílio Brasil-1 e no 2, estimulando **o trato não cidadão e discriminatório da população** com menor poder aquisitivo na luta pela sobrevivência;

g) **desmontar o modelo de gestão centralizado** e constituir novo pacto federativo que atribua aos três entes grau de importância equitativa, desde as instâncias locais que não têm conexão com a gestão centralizada e bancarizada;

h) **quebrar a ausência de canais de comunicação para escuta e participação social** da população beneficiária;

i)  **proceder a nova escala de leitura territorial das incidências, de modo a subsidiar, com regularidade, o trabalho de ponta, aplicando leituras de microrregiões dos estados e em territórios intraurbanos** que poderiam ser polarizados pelas áreas de abrangência de um CRAS, distinção das áreas rurais e até mesmo das áreas de risco;

j)  **reconhecer e implementar canais de participação social de beneficiários.**

# 2

# Injunções, distinções e convergências entre Renda Básica e transferência de renda no Brasil

Um primeiro ponto a examinar entre as duas alternativas de acesso à renda, isto é, Renda Básica e transferência de renda, é dar visibilidade às bases de referência dos valores monetários que serão adotados em uma e outra, pois eles contêm, de modo inerente, o padrão de acesso do cidadão à dignidade que a sociedade pretende atingir entre seus pares. Trata-se, aqui, da discussão básica entre Estado Social e Estado Fiscal. Esse posicionamento é fundamental e antecede outros diferenciais, entre eles: condicionalidade/incondicionalidade, garantia de permanência/volatilidade, certeza/probabilidade; universal/seletivo, transparência/desinformação/burocratização/

/hierarquização, canais de manifestação/espera em filas sem informações, entre outros tantos. Quanto ao valor do benefício, ambas as propostas podem se utilizar de critérios endógenos ou exógenos, isto é, considerar, ou não, o custo de sobrevivência no local onde se assentam (na região, no Brasil ou fora dele).

No Brasil, a transferência de renda não utiliza referências técnicas nacionais como salário mínimo, custo da cesta básica do Dieese, dados do IBGE ou relacionadas à pobreza e à sobrevivência. Os valores monetários aplicados para a seleção e o valor de benefício fluem de arranjos orçamentários, sendo autóctones em relação ao custeio de necessidades de subsistência digna. O que impede previsões de resultados específicos em relação à supressão da fome ou algo similar é a estimativa de desembolso orçamentário que estabelece a cobertura e os valores dos benefícios. Não são aplicadas referências internacionais como a Paridade do Poder de Compra (PPC) do Banco Mundial, que, por exemplo, classifica o custo de vida no Brasil sob valor intermediário, superior ao referenciado para países africanos.

## 2.1 Das injunções

No caso brasileiro, o processo seletivo entre os cadastrados para o programa de transferência de renda está assentado em uma ferramenta de uso compulsório e de âmbito nacional denominada Cadastro Único, que se assemelha a um Censo ou a um registro de pessoa/família sob precariedade de condições de vida. Mas sem inscrição no CadÚnico não há possiblidade de acesso, mesmo que disponha de documento de cidadania, como a Carteira de Identidade (CI) ou o Cadastro de Pessoa Física (CPF).

Ocorre um vínculo gemelar entre o CadÚnico e o acesso ao PBF, na medida em que tanto um quanto o outro mantêm centralidade na renda familiar *per capita*. Nenhuma outra informação que o CadÚnico contenha vincula-se ao acesso a uma atenção, pois os dados do CadÚnico não são considerados reveladores das demandas diante das necessidades registradas ou da intensidade de desproteções sociais.

O *core* do CadÚnico é a revelação da renda *per capita* de famílias com ganho total de até três salários mínimos, de modo a permitir a seleção de cidadãos de menor renda, para que usufruam de descontos de tarifas ou de tarifas sociais com valor a menor, ou de outras concessões direcionadas às cidadãs e aos cidadãos de menor renda. A relação entre CadÚnico e gestão PTRC é que estão separados em duas burocracias — Secretarias Nacionais (Sagicad e Senarc) do mesmo Ministério do Desenvolvimento e Assistência Social, Família e Combate à Fome. Contudo, não mantêm relação orgânica com os entes federativos que se relacionam diretamente com os cidadãos.

O ponto central de contiguidade entre as duas secretarias nacionais reside no alinhamento que aplicam na concepção de família e no modo de computar seus membros, no que é considerado fonte de renda de cada membro independentemente da fonte de remuneração e da idade de cada um deles, na coincidência da linha *per capita* de elegibilidade adotada entre um e outro.

Esses procedimentos estão alinhados para efeito de alcance de benefícios, mas não para acesso a serviços, como os socioassistenciais, ou para operação do Sistema Único de Assistência Social (SUAS) a quem cabem as atenções e os cuidados do Programa de Atenção Integral à Família (PAIF). O exame do valor monetário *per capita* incide na resolutividade do poder aquisitivo no mercado. Todavia, não há demonstrações sobre o alcance que seus valores permitam para consumo de alimentos ou de trato pautado na dignidade humana.

A concepção de renda implica, para todos os declarantes do imposto sobre a renda de pessoas físicas (IRPF), como uma relação entre ganhos e despesas. O cálculo de renda do CadÚnico, quer de toda a família quer de cada um, não inclui despesas, mas somente ingressos, mesmo que não sejam contínuos.

Os procedimentos para definir e aplicar linhas de elegibilidade não se assentam em direitos de cidadania. Não adotam por referência a afirmação da capacidade do valor monetário adotado para alcançar um dado padrão de sobrevivência. De fato, é a capacidade de desembolso orçamentário que define a elegibilidade ou o volume de população a incluir. Quanto mais baixo o valor de seletividade, menos serão as pessoas a incluir.

A concepção de família adotada é a de um agregado de pessoas — ou de cabeças (*per capita*) — que habitam o mesmo endereço. Esse conceito pouco difere ao trato de cabeças encerradas em um espaço, numa réplica da contagem de animais, pois se contam cabeças sem levar em consideração as relações humanas que mantêm entre si. A soberania da ideia aplicada de *per capita,* ou por cabeça, não significa uma relação de convivência, e sim de isolamento de indivíduos que não se inter-relacionam, ou melhor, indivíduos que compulsoriamente têm de partilhar o que cada um ganha para que seja compulsoriamente repartido entre todos que habitam a mesma residência.

Família não se define por espaço ocupado, mas pelo padrão de relação, convívio, provisão e dependência. Assim, os membros de uma família mantêm entre si condições de provedor-dependente, identidades ancestrais, convivência afetiva, acolhimento, entre muitos outros elementos que não significam união pelo teto (todos que vivem sob o mesmo teto). A soberania do *per capita*, ou por cabeça, não significa uma relação de convivência e sim de isolamento de indivíduos. Assim, o Estado não pode exigir que cabeças sob o mesmo teto tenham que partilhar contribuições monetárias de ganhos eventuais entre todos. Essa residualidade, e mesmo equívoco, ao trato relacional humano distancia a aplicação do CadÚnico no processo avaliativo quanto à presença e consistência das seguranças socioassistenciais e das desproteções sociais[4].

A distribuição da capacidade de vagas para inclusão de beneficiários em território nacional se dá por cotas de vagas, cabendo aos municípios e estados preenchê-las. Assim, permanece o enclave de intransparência entre cobertura × demanda.

---

4. A nova gestão, que assumiu em 2023, infelizmente iniciou o trato do tema pela aplicação de orientação própria do Estado Fiscal (marcado pela austeridade e desconfiança) que pôs em questão os benefícios concedidos na gestão anterior. Por se tratar, o PTRC, de gestão operada sob pacto federativo, esse início não estimulou forças de renovação democrática e lançou dúvidas quanto à lisura de ação dos agentes públicos que processam o CadÚnico nos municípios brasileiros. A seleção para a concessão de benefício do PTRC é tarefa administrativa de unidades federais centrais e do processo de seleção bancária na inclusão dos demandantes a beneficiários. As manifestações públicas de dúvida quanto à lisura de conduta não recaíram em tais agentes centrais, que concedem o benefício, e sim na população que demanda o benefício e nos agentes cadastradores municipais que registram dados da demanda para a decisão central.

O CadÚnico não precisaria, necessariamente, ser uma ferramenta de diálogo restrito a dado programa que o enfeixa à limitada condição de captação de valores monetários de renda *per capita* e de emissão de um certificado classificatório do valor recebido (um tipo do antigo atestado de pobreza) com vida limitada a dois anos, que pode acompanhar o indivíduo e as cabeças que vivem sob o mesmo teto para ultrapassarem a burocracia dos serviços estatais. É uma ferramenta significativa pela sua contínua atualização (similar a uma PNAD), de cobertura universalizante e de baixo custo de aplicação e manutenção.

Não faz sentido para o fortalecimento democrático que a gestão social do PTRC e o CadÚnico sejam ambos operados como ferramentas seletivas de confinamento de "miserabilizados" em um *apartheid* social que secundariza sua condição de cidadãos.

**Em suma, o PBF-3, para além de condições de acesso a meios de sobrevivência, deve expressar o avanço ético de trato da dignidade humana de brasileiras/os cadastradas/os e beneficiárias/os.**

O PBF-3 não pode permanecer em um governo de reconstrução democrática sem produzir democraticamente suas ações, que precisam contar com efetivos espaços de escuta e de participação social. Outro ponto é o da presença do trato pela homogeneidade que acaba por tratar os beneficiários como uma massa uniforme, sem gênero ou etnia, sem necessidades etárias específicas, sem necessidades que se manifestam a partir das condições em que vivem. Por exemplo, a população que se encontra em vivência nas ruas sob diversidade etária, de gênero e etnia. Um eixo para a escolha de novo caminho do PBF-3 implica a capacidade de ruptura com a centralidade e autoridade no processo de gestão e decisão, pautado pela leitura do real pela homogeneidade, sem identificar nem levar em conta a diversidade.

A/o beneficiária/o do PTRC não tem voz, não tem espaço de manifestação em nenhuma instância, deve se manter em fila e nunca em círculo, sua mobilidade está em cumprir condicionalidades, isto é, ser disciplinada/o. Não conta com canal comunicante entre os entes federativos e as/os beneficiárias/os. A linguagem é sistêmica, digital, de formato descendente e não relacional. Não se conta nos CRAS com disponibilidade de trabalhadores para incluir as famílias beneficiárias no Serviço de Atenção Integral à Família (PAIF).

Do ponto de vista democrático, que implica a reconstrução da gestão do pacto federativo, o desenho da gestão do PBF-3 não deve reeditar a gestão social sob freios de gestão vertical centralizada, desprovida de diálogo com entes federativos e de controle social, inclusive dos próprios beneficiários.

**Entende-se que a transferência de renda não se constitui em uma ação humanitária do Estado ou dos seus gestores, direcionada àqueles que nominam inadequadamente de vulneráveis sem direitos de cidadania. Esse trato distorcido da democracia social e política conflita com o primeiro artigo da LOAS, pelo qual a assistência social é dever de Estado e direito de cidadania.** Ao estar no campo da proteção social estatal, o PTRC se insere entre certezas sociais, princípio que deve orientar suas decisões.

Há **defasagem de entendimento sobre o acesso a benefício monetário pelo PTRC,** haja vista que poucos o consideram um direito e muitos, infelizmente, mesmo sob aparentes posições progressistas, têm-no como ajuda generosa do governante. Qualificar alguém, isolada ou coletivamente, como vulnerável, descarta a soma de destratos históricos, da ausência de reconhecimento social de direitos, da vivência de discriminações de gênero e etnia, da presença de exploração no processo de trabalho sem garantias. Revela, ainda, o entendimento de que o termo "vulnerável" se refere a um protagonista de fragilidades às quais reage com acomodação devendo ser disciplinado.

Não foi atribuída relevância ao trato do direito de cidadania na trajetória brasileira do PTRC e de seu coadjuvante CadÚnico. Essa constatação não deveria se repetir no caminho a ser adotado pelo

PBF-3, que nasce sob ambiente de reconstrução democrática. **Limitar o horizonte de um PTRC** à inserção de beneficiários a trabalho e renda, sem dar atenção à luta de mulheres e homens para sobreviver com seus dependentes, será desastroso. O que se agravará quando implicar oferta de ocupações passageiras, sem garantias trabalhistas e sem garantia de continuidade de renda.

Distante de percepções discriminadoras entende-se que brasileiros são, e estão, vulnerabilizados por múltiplas desigualdades, destacadas em seu plural, inclusive pelas condições do lugar em que vivem e moram, isto é, das condições do chão em que lhes foi possibilitado seu assentamento. Há que ser superada a compreensão em que a qualidade do PTRC reside na austeridade de escolha por mérito dos indivíduos, como àqueles que não conseguem se manter sob condições humanas dignas da reprodução social individual e a de seus dependentes. À medida que os valores dos benefícios não seguem as mutações dos valores de mercado, inclusive as inflacionárias, ele se distancia de uma resultante qualificadora do alcance da dignidade humana pelos beneficiários.

## 2.2 Das distinções

O PBF-1 e o PBF-2 envolveram a gestão de quatro presidentes do país, entre 2003 e 2021.

As distinções de trato foram sobretudo decorrentes da perspectiva ideológica de cada governante, o que demonstrou à população usuária que a manipulação de cada governante retirava o grau de certeza do programa para seus usuários. Apesar do tempo de vida, a presença de contínua alteração de regras não criou lastro de credibilidade para os usuários.

O PBF-2 foi complementado em 2020, durante a pandemia de covid-19, pelo Auxílio Emergencial e, a seguir, substituído pelo Auxílio Brasil, ao final de 2021. O Auxílio Brasil, embora de vida recente, com cerca de 16 meses, avançou em relação às versões anteriores do PBF com o benefício em **valor único**. O modelo do PBF assentado em benefícios variáveis não permitia a identidade concreta entre os beneficiários. Cada um recebia um valor. A unidade identitária entre os beneficiários residia tão só na sujeição à disciplina das condicionalidades. A identidade de direitos não foi desenvolvida.

Durante o Governo Bolsonaro, a transferência de renda conviveu com diversas propostas de programas, ocorrendo até o convívio combinado entre mais de uma. O Auxílio Emergencial (Lei Federal n. 13.982, de 2 de abril de 2020), proposto no terceiro ano de governo, foi um benefício individual, de valor único de R$ 600,00, cujo alcance foi objeto de disputa entre o Executivo e o

Parlamento. O Executivo propôs R$ 400,00 e o Parlamento aprovou o valor de R$ 600,00. Embora esse Auxílio tenha sido instalado por tempo determinado, durante a pandemia ele foi ativado ao mesmo tempo que o PBF-2 ainda estava em vigência. Voltou-se para demandas emergentes diante do desemprego gerado pela pandemia. Mas ao mesmo tempo foi possibilitado que os então beneficiários do PBF-2 optassem pelo Auxílio Emergencial, completando o valor do benefício que recebiam. Com certeza, essa situação criou para os beneficiários um laivo de avanço de cidadania: **o Estado brasileiro poderia melhorar o valor dos benefícios até então recebidos.** Assim, o Auxílio Emergencial mesclou atenção individual, inovadora, com a alternativa familiar, própria até então à transferência de renda com condicionalidades.

O Auxílio Brasil (MP n. 1.061, de 9 de agosto de 2021) — a segunda proposta de transferência de renda do Governo Bolsonaro — foi apresentado em 2021, no seu terceiro ano de mandato. Trocou a nominação Bolsa Família pela de auxílio, o que não deixa de remeter a uma concepção mais subordinativa do que a de "bolsa", e ao título acrescentou-se a presença da pátria, um reforço à ideologia do governo.

O Auxílio Brasil-PAB recebeu duas versões. A primeira, **PAB-1**, teve formato próximo ao do

**PBF-2**, pois **não estabeleceu um valor único ao benefício**. Aplicou o modelo pautado na **variação do valor do benefício para cada unidade familiar**, isto é, o valor total que uma unidade familiar recebia resultava da soma de benefícios individuais de membros da unidade familiar. Esses benefícios foram nominados de variáveis, como no PBF-2, e mantiveram as duas linhas de elegibilidade praticadas. Alteraram, porém, o existente no PBF-2, pois retiraram a restrição de abranger todos os filhos da mesma família e estenderam o limite etário de adolescentes aos jovens até 21 anos.

O padrão do PAB-1 similar ao do PBF-2 não agradou. O retorno do vínculo entre os membros da família para definir o valor a receber tocou na "experiência de vida da população", que traz a convicção de luta: "quanto mais individualidades mais incerteza, quanto mais unidade mais certeza". Quando o direito de cada um não é reconhecido, faz-se necessária a unidade de luta para ganhar força e ressoar. Premido pela demanda popular em período eleitoral, o Governo Bolsonaro abandonou a fórmula similar ao PBF-2 e se reaproximou do modelo do Auxílio Emergencial. Propôs e aprovou o PAB-2, nele resgatou o valor monetário único de R$ 600,00 para a família, independentemente da composição da unidade familiar, se unipessoal ou extensa, e retirou a distinção entre as linhas de elegibilidade, praticando o valor único do benefício[5].

Nos últimos dois anos (2020-2022) ocorreram diferentes modelos e modos de operação do PTRC[6], sofrendo descontinuidade dos benefícios

---

5. Não há dúvida de que o custeio de um PTRC no Brasil vem sendo continuamente ampliado. Em 2019, sua despesa foi de R$ 41,8 bilhões, valor que seguiu a média aplicada desde 2009 (41,3 bilhões). Em 2022 alcançou o gasto de R$ 91,5 bilhões, sendo previsto para 2023 o custeio aproximado de R$ 170 bilhões. De fato, ocorreu forte correção de valores no segundo semestre de 2022, ano em que ocorreram as eleições presidenciais. Esses valores foram bastante criticados, considerando que deveria ter ocorrido maior oferta de trabalho e não dos benefícios e do aumento de beneficiários. Segmentos da sociedade consideraram inadequada a presença de benefícios governamentais monetarizados como proteção social, sejam como reparação a danos sofridos, sejam para assegurar a dignidade de trato humano a todos os brasileiros. Exceção feita à previdência social, proteção contributiva contratualizada pela mediação do Estado. As linhas de elegibilidade constituem-se como componentes seletivos estruturantes da inclusão do cidadão demandante no programa de transferência de renda. Elas têm sido aplicadas pelos agentes bancários que operam o PTRC. São valores monetários que de modo aleatório definem o limite para inclusão do demandante. Não aplicam na definição desse valor uma fonte (além do orçamento estatal) que se refira à garantia de condições básicas de sobrevida. Portanto, um limite aleatório relativo ao valor monetário *per capita* de renda familiar, sem vínculos com o custo real da sobrevivência

6. No Governo Bolsonaro, o Auxílio Emergencial, instalado em 2020, seguiu o modelo do ministro da Economia Paulo Guedes. A inscrição do requerente se deu por aplicativo, não foi exigido o CadÚnico e foi fixado o valor significativo de benefício em R$ 600,00, que aumentava para R$ 1.200,00 e até

quanto a valores e regras, como: diversidade de valores de benefícios, cobertura individual ou familiar de benefícios, convívio complementar entre o PBF e o Auxílio Emergencial, acesso ao PTRC pelo CadÚnico e do acesso ao Auxílio Emergencial sem CadÚnico, benefício de valor único para todos; benefício variável afeto à composição familiar; permanência no Auxílio Brasil de linhas de elegibilidade (pobreza e miséria) similares ao PBF-1 e PBF-2; supressão da distinção de linhas em 2022.

Um ponto comum entre os modelos foi o trato arbitrário de valores de seleção e de benefícios desvinculados de referências nacionais e internacionais sobre pobreza e custo de vida. Enfim, uma sucessão de experimentos que ensejaram incerteza social motivada pela descontinuidade e pelo medo da volatilidade expressa pelo comportamento errante do governante e a ausência de garantias.

Ao ser a transferência de renda submetida ao programa eleitoral dos candidatos à Presidência do país, ocorreu consenso político e social entre as candidaturas quanto à **aplicação de um benefício**

---

mesmo R$ 1.800,00 se o/a requerente fosse chefe de família. Mostrou-se bem mais significativo para a sobrevivência do que os que eram operados até então. A proposta do ministro Guedes foi a de eliminar benefícios de baixo valor monetário e de manter gratuidades.

**de valor único**. Essa decisão revelou maior proximidade entre PTRC e Renda Básica de Cidadania.

A conjuntura 2023 que se pôs para o PBF-3 não poderia deixar de considerar a distância e aproximação dos princípios éticos da **Renda Básica de Cidadania.** Sua proposta no Brasil foi introduzida em lei aprovada na década de 1990. Para além dessa lei (nunca regulamentada), ela foi inscrita no artigo 6º da Constituição de 1988 e ainda em mandado de injunção do Supremo Tribunal Federal. Diga-se claramente que há um suporte na legalidade para sua implantação restando frágil o compromisso político para tanto.

Esse conjunto de fatores não permite que se deixe a efetivação da Renda Básica de Cidadania ao largo do trato da transferência de renda, até porque a adoção de princípios éticos similares entre uma e outra não deveria deixar de ocorrer ao se referirem ao trato da cidadania da/o cidadã/ão.

O diferencial entre RB e PTRC pode ser distinto quanto às seguintes dimensões:

- a relação quantitativa entre universalidade/focalização;
- a relação inclusão seletiva pelo estado de beneficiários;
- a relação compulsória em âmbito nacional de fato não é uma exigência, pois tanto no PTRC como na RB há experiências em territórios e cidades, e não só referidas ao âmbito nacional;

- a Renda Básica se assenta no direito do indivíduo adulto e não na responsabilidade e dever da família.

A grande distinção reside no fato de que a RB tem por exigência básica o **respeito aos direitos de cidadania**, ou a universalidade pela qualidade de trato sem discriminação, isto é, **o beneficiário é um sujeito de direito** que não pode e não deve ser violado. **Não se trata e não pode ser tratado pelo Estado como um vulnerável a ser amparado.**

A centralidade que a transferência de renda atribui ao orçamento familiar nele considerada a família um agregado de cabeças sob um mesmo teto não deixa de ser uma rejeição estatal pelo direito individual. Assim, o cálculo de renda *per capita* do CAD-PTRC parece considerar família uma relação cooperativada de sobrevivência independentemente da idade dos indivíduos que fazem parte do agregado. Essa forma de trato reduz a responsabilidade social do Estado, pois coloca a anterioridade da responsabilidade da família de enfrentar as condições precárias de vida que ocorrem no núcleo de reprodução social sem que sequer esteja presente a relação provedor-dependente que poderia traduzir com maior propriedade o convívio em coabitação.

Não é o fato da/do beneficiária/o do PTRC estar em ambiente de política social que, de pronto, ele já possa previamente considerar que lhe esteja sendo assegurado um ambiente de respeito aos seus direitos humanos e garantidos seus direitos sociais. Essa consideração não é constitutiva do benefício que pode ser aplicado sob modos behavioristas de disciplinamento, e não por direitos de cidadania.

O respeito dos agentes públicos aos direitos humanos na prestação de serviços é fundamental e tem sido demarcado pela noção de cuidados. Não basta atribuir a dignidade monetária ao valor do benefício, é preciso mais do que isso para a afirmação cidadã.

A referência ética do acesso ao dinheiro em espécie para a/o cidadã/ão viver com dignidade é parte da reponsabilidade estatal na sociedade desigual com alto desemprego e monetarizada. É preciso que a responsabilidade social estatal não tenha como norte a regulação fiscal, adotando conceitos e concepção de caráter mitigador, ocasional e de traço emergencial, usando de estratégias redutoras da certeza social de contar com a atenção social.

Faz-se necessário introduzir a ética da cultura cidadã no benefício, considerando que, longe de ser um ato de bondade ou esmola do governante é, de fato, uma **reparação pública que a ele é devida**. Considerar o benefício monetário ao cidadão demanda eliminar referências aporofóbicas ou fraudofóbicas, traços próprios do modo patriarcal e conservador, e exige a presença da ética da dignidade humana, conforme estabelece o artigo 6º da Constituição Federal.

## 2.3 Traços do PBF-1 e do PBF-2

A operação do PBF-1 e do PBF-2 não incluiu a dimensão da vida de um coletivo reprodutivo: desenharam uma prefiguração comunitarista atribuída pelo Estado aos que vivem "sob o mesmo teto". Estes, compulsoriamente, são tomados pelo Estado como contribuintes individuais da reprodução social do coletivo das pessoas que vivem sob mesmo endereço como **indivíduos mutuamente provedores**. Esse vaticínio é firmado pelo cálculo monetário da renda familiar *per capita*, cujo veredito adota como evidência que, quando indivíduos vivem sob o mesmo teto, eles devem ter, ao mesmo tempo, duas características antagônicas: tornam-se perante o Estado uma família, mas, em contraponto, uma família constituída por indivíduos conviventes autônomos. Isto é, entre eles não existem relações de dependentes, todos são provedores, genitores e consanguíneos.

Esse julgamento é tão incisivo que **tem transformado o valor de benefícios estatais regularmente concedidos a crianças e a adultos com deficiência ou idosos em renda familiar a ser**

**partilhado por todos.** Trata-se de uma violação a um direito concedido em que o mesmo Estado que o concedeu o recolhe e distribui em parcelas menores para os indivíduos agregados sob o mesmo teto.

A cultura de agregado trata os indivíduos sob o mesmo teto insumos da economia doméstica, uma cooperativa de partilha de possíveis ganhos que não são propriamente salariais e podem provir de eventuais acessos monetários procedentes de remunerações intermitentes. Uma construção diluidora do reconhecimento da cidadania, pois é ela que estabelece padrões de renda *per capita* de um agregado de pessoas. Com isso, parte-se do suposto de que todos os que vivem "sob o mesmo teto" devem, compulsoriamente, ser contributivos à sobrevivência dos agregados.

O cálculo monetário da renda familiar que foi adotado pelos PBF-1 e PBF-2 exigia que todos, e cada um, aportassem sua contribuição monetária para o todo independentemente da sua procedência, idade e condição de dependência. Sob tal leitura, até mesmo um benefício eventual, recebido por qualquer um dos viventes sob o mesmo teto, compõe os cálculos oficiais da renda familiar do CadÚnico. Assim, ele é reconceituado pelo agente público como um valor de renda familiar desvinculado da razão pela qual a ele faça jus, o que em geral se dá pela própria proteção social estatal municipal.

**Desse modo, a instância federal, coordenadora do CAD, interfere na condução da proteção social de provisão municipal do SUAS anulando-a pela sua transformação em renda.** O cálculo de renda *per capita* do CadÚnico não considera desproteções vividas por idade, doença ou limitações. A centrífuga do cálculo prepara uma massa aparentemente homogênea entre moradores do mesmo teto.

No CAD, o exame dos ganhos individuais para o cálculo da renda *per capita* familiar não recebe o trato de distinção pela relação entre ganhos e gastos. Essa relação vale para quem ganha mais e declara seus ganhos ao Estado para cálculo do imposto de renda. Para quem tem menos renda não é aplicada a concepção de orçamento familiar expresso pela relação entre ganhos e gastos, entradas e saídas. Os gastos não são deduzidos antes de ser estabelecido o rendimento *per capita* familiar, e as linhas de elegibilidade e os valores de benefícios não se relacionam com o custo de sobrevivência. Gastos são tomados como estratégias de sobrevivência sem apropriação de custos.

As referências de renda utilizadas consideram o valor de renda sem relacioná-lo com o valor de provisão de um adulto e de uma criança. A concepção de família exige que se tenha a distinção de renda para o provedor e o custo provisão do dependente. Ao não usar essa distinção de provedor de renda, o CadÚnico equipara todos, inclusive crianças, adolescentes, deficientes e idosos que estão sob o mesmo teto como contribuintes de uma mesma função: sobreviver. Não se encontra uma justificativa ética sob a relação Estado-cidadão nesse modo de operar.

Há que se destacar que ao considerar ganhos de crianças e adolescentes, sejam benefícios, pensão, bolsa de trabalho aprendiz, entre outras, comete-se a transgressão do disposto no Estatuto da Criança e do Adolescente ao torná-lo um trabalhador infantil, transmutando sua condição de dependente com a de provedor[7].

O PBF-1 criou a referência *per capita* **da renda familiar**, algo que nem o IRPF utiliza para considerar a renda de brasileiros. Há, portanto, um trato em separado e desigual da população com mais baixa renda que não é considerado individualmente, pois **sua sobrevivência para o Estado é mais do que familista**, isto é, sobreviver é um processo grupal e não individual.

Pode-se imaginar a sequela que esse modo classificatório leva ao desentendimento de

---

7. Para defensores da proteção integral de crianças e adolescentes, outra transgressão é a de responsabilizar a frequência à escola pela criança e ao adolescente como fator causador da penalidade da perda do benefício. Nesse caso, o modo de gestão da transferência de renda antecipa a responsabilidade da criança e do adolescente pelo sustento de sua família.

direitos humanos e sociais na atenção de pessoas e quanto isto fere a segurança social de acolhida que sustenta a PNAS-04 (Política Nacional de Assistência Social de 2004). De certo modo, para o comportamento do Estado, a pessoa física com menor renda deve se subordinar a uma "pseudopessoa jurídica coletiva e solidária". Tomar no PTRC concepções independentes, ou sem referência, ao que é aplicado para o cidadão, não parece ser um caminho ético adequado aos direitos humanos.

Outro controle que ocorre no processo de gestão do CAD-PBF a ser destacado diz respeito às condicionalidades às quais foi atribuído considerável peso no controle do seu cumprimento, pois sua inadimplência significa advertência à perda do benefício, obedecendo à graduação de penalidades às famílias beneficiárias. As unidades de educação e de saúde inserem regularmente os informes do controle da assiduidade do beneficiário em plataforma própria — o Sistema de Controle de Condicionalidade (Sicon) — operada pelo Governo Federal. Portanto, eventuais registros sobre crianças, adolescentes e gestantes seguem para Brasília antes de ser estabelecido o trânsito da informação e de providências de cuidados a ela inerentes, entre os serviços de proteção social, como o CRAS, que são avizinhados da escola e da UBS no próprio bairro.

No caso de ocorrência de irregularidades no cumprimento de condicionalidades apontadas pelas plataformas centralizadas, são devolvidos informes ao município, em geral para os CRAS, por meio do Sicon, para que os trabalhadores, territorialmente avizinhados da escola e da UBS, atuem na verificação da causa do descumprimento e procedam justificativa que pode servir tanto para a regularização do benefício como para a aplicação de punição cabível.

Sempre foi marcante a **ausência de assentamento territorial na gestão do PBF-1 e PBF-2**. Em sua regulação inaugural consta a constituição de um conselho participativo e cogestor municipal, constituído com representantes de beneficiárias/os. Todavia, ele não foi implementado ou estimulado e, de modo equivocado, foi proposta sua substituição pelo Conselho Municipal de Assistência Social (Comas), cogestor do SUAS, que tem composição paritária estabelecida em lei sem representação para avaliar um PTRC pelos beneficiários. Não foi implantado, em nenhum PTRC, um canal de participação de beneficiários nas diferentes modalidades de transferência de renda.

A condicionalidade incluiu no PBF-1 e no PBF-2 mais do que o controle de matrículas de crianças/adolescentes, pois realiza a apuração bimestral de sua frequência ao ensino básico obrigatório e, semestralmente, o acompanhamento de gestantes e crianças na saúde — realização do pré-natal, vacinação e pesagem[8].

A presença da condicionalidade, em 2003, no momento inaugural da aplicação nacional do PTRC, ao mesmo tempo que seguia orientação do Banco Mundial, possibilitou reduzir a ferocidade das críticas de traço patriarcal para quem um programa de benefícios a segmentos da população afeita à vadiagem era um estímulo à preguiça e ao não trabalho. De outro modo, para setores preocupados com a desigualdade e a distributividade, a condicionalidade seria um modo indireto de gerar pressão popular para que o Governo ampliasse o acesso aos serviços sociais. Certo é que, embora as estatísticas de análise do programa sempre tenham indicado o aumento da escolarização e do acompanhamento em saúde, não se pode ter certeza de que a qualificação da atenção e permanência nessas políticas tenha sido garantida, na mesma proporção que foram sentidos os prejuízos de sobrevivência para as famílias que sofreram as penalidades no benefício, muitas vezes provocadas pela ausência da oferta no território

---

8. Diante da ausência de creches (ou de vagas nas creches existentes), de unidades de ensino infantil ou da presença de cuidados pediátricos de crianças e de adolescentes em seu desenvolvimento, essas possiblidades de atenção não foram incluídas como condicionalidades. Não havia oferta compatível operada pelo Estado brasileiro. Seguramente permanecia precária a atenção da criança pequena e dos jovens de ensino médio.

e/ou pela desatenção recebida no serviço e/ou pela impossibilidade de permanência por ordem da própria sobrevivência ou de questões relacionais. Vale relembrar que o PTRC no Brasil não contém espaço para o contraditório.

É preciso nitidez das implicações de significado para a/o cidadã/ão do sentimento de certeza de que poderá contar com condições monetárias para sobreviver e garantir a sobrevivência de seus dependentes. Buscando contribuir e garantir a perspectiva de a**vanço de trato ético de cadastrados e beneficiários**, destacam-se, a seguir, alguns pontos de partida para o desenho do PBF-3:

a) **adotar ética etária que respeite a distinção entre provedor-dependente** entre os membros da unidade familiar, seja para confirmar/distinguir a figura do **provedor como RF (responsável familiar, um conceito aplicado no CadÚnico)**, seja para entender que o **registro de informes sobre renda, na família nuclear ou extensa**, deve estar limitado ao(s) provedor(es) e nunca envolver os dependentes (crianças e adolescentes até 18 anos, pessoas com deficiência, pessoas idosas ou doentes);

b) **garantir a proteção integral a crianças e adolescentes**; para tanto, não considerar no cálculo da renda familiar eventuais benefícios recebidos por crianças e adolescentes, até 18 anos, que devem ser considerados dependentes, e não provedores;

c) **alterar a concepção de família** formulada como um agregado de indivíduos que ocupam um mesmo teto e dividem renda e despesa sem considerar relações de convívio que transforma crianças em provedores;

d) **incorporar as despesas no cálculo de renda**, não só os ingressos, e impedir o uso de eventuais benefícios a crianças e adolescentes como renda;

e) distinguir **três tipos genéricos de unidade familiar: unipessoal, nuclear e extensa**, entendido que na composição interna essa nucleação poderá ter outras designações descritivas (nuclear de adultos, nuclear com adulto e filhos, mononuclear com um adulto e criança etc.);

f) assentar as famílias em um **território de referência com centralidade no CRAS** e inserção de endereços de morada por setor censitário, destacando os signos de diversidade a fim de garantir maior cobertura de proteção social e enfrentamento de manifestações de discriminação;

g) tornar presente no CadÚnico e sua seletividade para o Bolsa Família **a presença classificatória da diversidade etária, étnica e de gênero** nas famílias;

h) romper com os tratos pela punição de crianças, adolescentes e adultos na relação de controle de condicionalidades e **introduzir** vínculo territorial e interinstitucional de complementariedade de atenção e cuidados no trato das famílias beneficiárias produzidos pelos serviços sociais;

i) aplicar na apuração da **renda familiar a sua procedência de responsáveis** e **provedores,** definir o *per capita* de renda familiar a partir do saldo líquido, isto é, da dedução dos gastos perante os ganhos, como opera o IRPF;

j) atribuir **valores monetários das linhas de elegibilidade e dos benefícios com vínculo proporcional aos cálculos reais estabelecidos pelo IBGE, pelo Banco Mundial** ou sob referências que incluam o custeio do custo de vida e o poder de compra nos valores a serem aplicados;

k) **criar canais de participação social, de escuta, de informação**, de representação e comunicação dos inscritos no CAD e beneficiários do Bolsa Família.

# PARTE II

PARTE II

# 3

# Apontamentos sobre a evolução do PTRC no Brasil

Temos no Brasil a instituição do Salário Mínimo do Trabalho no ano de 1934, que, porém, só foi implantado em 1940, há 83 anos, tendo por base estudo do sociólogo estadunidense Samuel Lowrie sobre os gastos de sobrevivência de um lixeiro (então o trabalho de menor qualificação) na capital paulista. Em 1974 foi instituída a **Renda Mensal Vitalícia** no âmbito da Previdência Social, destinada aos idosos sem contribuição plena ao Instituto de Pensões. Esse benefício na Constituição de 1988 foi transformado em Benefício de Prestação Continuada (BPC), um direito acessível a idosos com precariedade de renda e a pessoas com deficiência desde a infância. Essas experiências complementares ao salário mínimo resultaram de lutas pelo salário mínimo substituto como o auxílio-doença, acidente, dentre outras formas que incapacitam para o trabalho e a sobrevivência. Esse pacto social, uma forma de proteção não contributiva, fluiu na seguridade social, entre a gestão da previdência e da assistência social assentando-se a partir da Constituição de 1988 como campo específico da assistência social por estar associado a uma seleção institucional da necessidade do cidadão individualmente considerado. O vínculo com a precariedade da família, e não só do indivíduo, é posterior e sua atenção pela tradição do vínculo com primeiras-damas e por meio delas a Legião Brasileira de Assistência Social, extinta em 1995.

O programa de renda mínima iniciou-se na França em 1988 como forma de combate à exclusão social gerada nos anos 1980, quando o neoliberalismo já incide no desmanche do Estado Social europeu de *welfare state* e a preocupação com o desemprego leva a propostas de inserção social. No Brasil, embora muitos projetos de lei estivessem tramitando no Legislativo Federal, nos estaduais e nos municipais, as experiências foram pontuais em alguns municípios e no Distrito Federal. A partir de 1995, a prefeitura de Campinas (SP) e o governo do Distrito Federal desenvolveram proposta diversas uma da outra e foram seguidas por outros municípios[9]. Em 2001, o Governo Federal

---

9. Para mais informações sobre essas experiências, consultar: SPOSATI, Aldaiza (org.). *Renda mínima e crise mundial: saída ou agravamento?* São Paulo: Cortez, 1997.

implantou o Programa Bolsa Escola, com adesão de municípios e apoio financeiro do Governo Federal. O governo do Distrito Federal inicia proposta piloto, seguida por outros municípios. Aqui a gênese do trato do benefício pelo título de Bolsa, que, em 2003, trocou a Escola pela Família[10].

A maioria das experiências se deu no formato do modelo Mínimo de Inserção sob Condicionalidade (MIC), que se utiliza de valores monetários **mínimos**, sem correção financeira regular, exigem a **inserção social** dos beneficiários sob relação de trabalho e consideram, para permanência no MIC, a comprovação do cumprimento de **condicionalidades.** Essas experiências em parte se mantiveram pela associação complementar entre programas

---

10. Não se inclui como um PTRC o Programa de Erradicação do Trabalho Infantil (Peti), implantado em 1996, no governo FHC, pois ele se configurava como apoio monetário às famílias com crianças sob trabalho infantil para que fossem desobrigadas de ajudar no orçamento de sobrevivência familiar e pudessem contar com ensino integral, ou seja, a frequência na escola e a presença em centros de convivência de ação educativa complementar. No Governo FHC foi desenvolvida experiência no âmbito da educação com o Programa Bolsa Escola, que operou sob convênios com os municípios. Seu alcance nacional foi delimitado pelo número de municípios aderentes à proposta. O Benefício de Prestação Continuada (BPC) foi implantado em 1996 como um benefício vitalício de um salário mínimo a pessoas com deficiência e a idosos. Torne-se claro que, nem um nem outro, pela própria natureza, podem ser considerados renda para compor o *per capita* familiar, embora isso ocorra no Programa Bolsa Família.

municipais e estaduais associadas com estímulo da gestão federal a essas vinculações.

O início do PBF-1 foi demarcado pela introdução de um programa de transferência de renda condicionada (PTRC) no Brasil em âmbito nacional e atravessou dois governos (2003-2006 e 2007-2010) comandados por Luiz Inácio Lula da Silva. O PBF-2 começou em 2011, sob nova focalização para compor o Programa Brasil sem Miséria, e prosseguiu nos dois governos de Dilma Rousseff (2011-2014 e 2015-2016).

O segundo mandato de Dilma Rousseff foi tensionado por crise jurídico-político-econômica (para alguns analistas e juristas tratou-se, de fato, em um golpe jurídico de Estado), que levou ao seu *impeachment* e à sua substituição por Michel Temer, que, reforçando a ideologia liberal conservadora, deu ênfase à austeridade da gestão, adotando medidas severas de fiscalização do CadÚnico, da concessão de BPC e de benefícios do PBF-2. O novo comandante, ex-capitão do exército, Jair Bolsonaro, foi eleito em 2018 e conviveu, a partir de 2020, com a força destrutiva da pandemia de covid-19 (2020 a 2022). Entre suas conflitivas e bélicas iniciativas, fez-se presente a transferência de renda e a substituição do modelo PBF para o que nominou de Auxílio Brasil: a cortina verde-amarela performando a aparência patriótica de suas ações.

Considerado todo esse contexto, analisar linhas possíveis e prováveis para o PBF-3 implica necessariamente não só enfrentar a conflitiva conjuntura político-institucional de fortes traços antidemocráticos, mas, sobretudo, a forte desigualdade socioeconômica que amplia a população com desnutrição e fome. Pode-se dizer de um **estado de miserabilidade agravado pelas restrições orçamentárias** para possibilitar a presença de atenções das diversas políticas sociais com as quais a população contava.

Como já apontado em parágrafos iniciais, implementar o PBF-3 implica mais do que superar a presença de maus-tratos restritivos, ainda que só isso já seria um enorme esforço e um desafio para alcance do reconhecimento social como cidadã/ão. Há outra frente intocada que o PBF-1 e o PBF-2 não implementaram: **não se tem registros de presença de gestão democrática nos programas de PTRC no país nem da introdução de experiência de superação da normalização do trato humano assentado na homogeneidade**. Não há memória de trato pelo Estado brasileiro dos beneficiários como cidadãos e cidadãs. Características etárias, diversidade de gênero, presença de etnia e de atenção aos povos tradicionais, entre outras singularidades e heterogeneidades foram absorvidas por uma homogeneidade colonizadora. Embora informações dessas singularidades constem do formulário do CadÚnico, elas não contam com modo de trânsito para além do registro no papel que se tornam números em relatórios gerais e não são incorporadas, isto é, não chegam aos corpos vivos ou não repercutem no desenho do PTRC e de suas atenções, pois são tomadas como configurações de eventualidades e não questões estruturais que demarcam a precariedade de vida.

A vigência, a partir de 2021, do Programa Auxílio Brasil-PAB-1 manteve o modelo de transferência de renda estratificado nas duas linhas de elegibilidade, manteve condicionalidades e elevou o valor do Benefício de Superação da Pobreza (BSP), um mecanismo monetário de ajuste do valor do benefício concedido para alcançar e superar o valor da linha de elegibilidade. Realizou um novo recorte do benefício-criança, separando a faixa de 0 a 3 anos com valor fixo de R$ 130,00, e as demais de 4 a 21 anos com benefício no valor de R$ 65,00 pessoa/mês. A esse conjunto agregou alguns prêmios de mérito a vencedores de competições científicas, escolares e esportivas, bem como de esforço para o trabalho, sem importância de sua seguridade e formalidade.

Em 2022 o PAB-1 deixou de operar múltiplos benefícios e retomou o experimento do Auxílio Emergencial, assentado em um **valor fixo-família** diferindo de toda experiência anterior de PTRC no país no que diz respeito ao valor de benefício que sempre variou de acordo com a linha de elegibilidade e a composição familiar. Esse momento foi revestido no entendimento popular da época de ouro da transferência de renda, sobretudo pelos resultados considerados tenebrosos da economia em 2021 principalmente pela falta de oferta de trabalho, perdendo somente para 2020 no início da pandemia.

Anterior ao PAB, o Auxílio Emergencial (AE) instalado por curto tempo com o objetivo de amenizar a crise de sobrevivência gerada pela pandemia de covid-19 inovou em pelo menos três aspectos: concepção de benefício de valor único dirigido ao indivíduo e não às famílias; exclusão do critério de *per capita* familiar para acesso, entendendo o benefício como cobertura da condição do trabalhador desassegurado (autônomos, precarizados, temporários); e adoção de um instrumento de cadastramento por aplicativo ou *site* de uso direto pela população. O AE não demandou o CadÚnico e incluiu uma complementação pela diversidade de valor para responsáveis em núcleos monoparentais.

Esse auxílio construiu acesso, ainda que emergencial, em valor mais alargado do que o PBF-1 e o PBF-2, pois se baseava na remuneração individual (ou em sua ausência, pelo desemprego ou emprego desassegurado) e não pelo *per capita* familiar. Essa experiência foi intensamente alardeada como superior às anteriores e foi sendo manifestado o desejo popular de sua continuidade quanto à aplicação de um valor único de benefício, tanto pela ampliação do acesso quanto pela aplicação de um valor único e expressivo de benefício. Por isso, garantir o valor de R$ 600,00 por família passou a ser uma palavra de ordem entre as candidaturas apresentadas no processo eleitoral de 2022. Para Daniel Duque (FGV-IBRE), a melhoria de 2021 para 2022 se deveu principalmente ao Auxílio Brasil, embora maior parte dos rendimentos (74%) tivesse vindo da renda do trabalho, como mostra a Pnad-IBGE.

Essa análise longitudinal ganha concretização ao examinarmos a movimentação dos benefícios da transferência de renda desde 2003. O Quadro 2 permite, em um só bloco de informações, apreciar os termos e a natureza das alterações, seja nas linhas de elegibilidade, seja nos tipos e valores de benefícios atribuídos.

**Quadro 2.** Evolução de valores adotados pelo PBF sob diferentes governos entre 2003 e 2022 e sua correlação de valor com o salário mínimo

| PBF-1 | Referências — Luiz Inácio Lula da Silva | |
|---|---|---|
| 2003 | Salário mínimo: R$ 240,00 = ½ = R$ 120,00 / ¼ = R$ 60,00 Linha de elegibilidade = pobre = R$ 100,00 miserável = R$ 50,00 Benefício família extremamente pobre ou miserável = R$ 50,00 | Benefícios variáveis para famílias pobres e miseráveis: crianças de 0-15 = somente 3 crianças: R$ 15 por mês; gestantes e nutrizes por 9 meses e por 6 meses respectivamente. |
| 2006 | Salário mínimo: R$ 300,00 = ½ = R$ 150,00 / ¼ = R$ 75,00 Linha de elegibilidade = pobre = R$ 100,00 miserável = R$ 60,00 Benefício Família miserável = R$ 50,00 | Benefícios variáveis para famílias pobres e miseráveis. Mantidos os valores de benefícios |

| | | |
|---|---|---|
| 2007 | Salário mínimo: R$ 350,00 = ½ = R$ 175,00 / ¼ = R$ 87,50<br>Linha de elegibilidade miserável = R$ 60,00<br>Beneficio Família miserável = R$ 50,00 | Beneficios variáveis para famílias pobres e miseráveis<br>Benefício criança = R$ 18,00<br>(3 por família)<br>Benefício jovem = R$ 30,00<br>(2 por família) |
| 2008 | S M R$ 380,00 = ½ = R$ 190,00 / ¼ = R$ 95,00<br>Linha de elegibilidade miserável = R$ 60,00<br>Beneficio família miserável = R$ 62,00 | Beneficios variáveis para famílias pobres e miseráveis<br>Benefício criança = R$ 20,00<br>(3 por família)<br>Benefício jovem = R$ 30,00<br>(2 por família) |
| 2009 | Salário mínimo: R$ 465,00 = ½ = R$ 232,00 / ¼ = R$ 116,00<br>linha de elegibilidade miséria = R$ 70,00<br>Benefício básico família sob miséria/ R$ 68,00 | Beneficios variáveis para famílias pobres e miseráveis<br>Benefício criança = R$ 22,00<br>(3 por família)<br>Benefício jovem = R$ 33,00<br>(2 por família) |
| **PBF-2** | **Referências — Dilma Rousseff** | |
| 2011 | Salário mínimo: R$ 545,00 = ½ = R$ 272,00 / ¼ = R$136,00<br>Linha de elegibilidade miserável = R$ 70,00<br>Benefício família miserável = R$ 70,00 | Beneficios variáveis para famílias pobres e miseráveis<br>Benefício criança = R$ 32,00<br>(5 por família)<br>Benefício jovem = R$ 38,00<br>(2 por família) |
| 2012 | Salário mínimo: R$ 678,00 = ½ = R$ 339,00 / ¼ = R$ 170,00<br>Linha de elegibilidade miserável = R$ 70,00<br>Benefício família miserável = R$ 70,00<br>Benefício de Superação da Pobreza (BSP) família miserável = BSP = R$ 2 em R$ 2 até *per capita* familiar = R$ 71 p/pessoa | Beneficios variáveis para famílias pobres e miseráveis<br>Benefício criança = R$ 32,00<br>(5 por família)<br>Benefício jovem = R$ 38,00<br>(2 por família) |
| 2014 | Salário mínimo: R$ 678,00 = ½ = R$ 339,00 / ¼ = R$ 170,00<br>Linha de elegibilidade miserável = R$ 77,00<br>Benefício família miserável = R$ 70,00<br>BSP = R$ 2 em R$ 2 | Beneficios variáveis para famílias pobres e miseráveis<br>Benefício criança = R$ 35,00<br>(5 por família)<br>Benefício jovem = R$ 42,00<br>(2 por família) |
| **PBF-2** | **Referências — Michel Temer** | |
| 2016 | Salário mínimo: R$ 680,00 = ½ / R$ 340,00 / ¼ = R$ 170,00<br>Linha de elegibilidade miserável= R$ 85,00<br>Benefício família miseráveis = R$ 85,00 | Beneficios variáveis para famílias pobres e miseráveis<br>Benefício criança = R$ 39,00<br>(5 por família)<br>Benefício jovem = R$ 46,00<br>(2 por família) |

| | | |
|---|---|---|
| 2018 | Salário mínimo: R$ 954,00 = ½ = 477,00 = ¼ = R$ 238,00<br>Linha de elegibilidade miserável = R$ 89,00<br>Benefício família miserável = R$ 89,00 | Benefícios variáveis para famílias pobres e miseráveis<br>Benefício criança = R$ 41,00<br>(5 por família)<br>Benefício jovem = R$ 48,00<br>(2 por família) |
| **PBF-2** | **Referências — Jair Messias Bolsonaro** | |
| 2019 | Salário mínimo: R$ 998,00 = ½ = R$ 499,00 / ¼ = R$ 247,00<br>Linha de elegibilidade miserável — R$ 89,00<br>Benefício família miserável = R$ 89,00<br>Pagou o 13º no PBF | Benefícios variáveis para famílias pobres e miseráveis<br>Benefício criança = R$ 41,00<br>(5 por família)<br>Benefício jovem = R$ 48,00<br>(2 por família) |
| 2020 | Salário mínimo: R$ 1.039,00 = ½ = R$ 520,00 = ¼ = R$ 260,00<br>Linha de elegibilidade miserável= R$ 89,00<br>Benefício família miserável = R$ 89,00<br>Foi criado em 4/2020, em paralelo ao PBF Auxílio Emergencial, com a finalidade de amparar o desemprego e as medidas sanitárias da pandemia. | Benefícios variáveis para famílias pobres e miseráveis<br>Benefício criança = R$ 41,00<br>(5 por família)<br>Benefício jovem =R$ 48,00<br>(2 por família)<br>Família do PBF com benefício em valor menor do que o do Auxílio Emergencial recebia a diferença de valor PB — Auxílio Emergencial. No primeiro formato de abril de 2020 a agosto de 2020, o valor do benefício do Auxílio Emergencial era de R$ 600,00 e R$ 1.200,00 para mãe chefe de família. Em agosto, Medida Provisória estendeu o Auxílio Emergencial de setembro a dezembro de 2020, mas reduziu o valor para R$ 300,00. |
| 2021 até nov. | Salário mínimo: R$ 1.100,00 = ½ = R$ 550,00 / ¼ = R$ 275,00<br>Linha de elegibilidade miserável = R$ 89,00<br>Benefício família alargado para famílias pobres e miseráveis. | Benefício família pobre e miserável<br>Benefício criança = R$ 41,00<br>(5 por família)<br>Benefício jovem = R$ 48,00<br>(2 por família)<br>Mantida complementação do PBF com o Auxílio Emergencial de acordo com a composição familiar. Redução para R$ 250,00/ R$ 350,00. Em seguida, para R$ 375,00 e R$ 150,00 unipessoal. |

| Aux. Brasil | Referências — período do governo Jair Bolsonaro | |
|---|---|---|
| 2021 nov./ dez. | Salário mínimo: R$ 1.100,00 = ½ = R$ 550,00 / ¼ = R$ 275,00<br>Implantação do Auxílio Brasil em novembro de 2021<br>Linha de elegibilidade miserável = R$ 105,00<br>Linha de elegibilidade do pobre = R$ 210,05<br>O Auxílio Emergencial em 2021 se estendeu até outubro/21, operando em conjunto com o PBF. | Auxílio Brasil, aprovado em agosto de 2021, foi aplicado em novembro até dezembro de 2021, com os benefícios da cesta raiz:<br>Benefício criança até 36 meses = R$ 130,00<br>Benefício Criança 3-21+ Gestante Nutriz = R$ 65,00.<br>Benefício de Superação da Pobreza (BSP): cálculo de R$ 25,00 em R$ 25,00 por pessoa. Decreto n. 10.852,00, de 8 de novembro de 2021 — §8° benefícios de mérito para premiação pelo sucesso em Olimpíadas desportivas, matemática |
| 2022 | Salário mínimo R$ 1.212,00 = ½ = R$ 606,00 / ¼ = R$ 303,00<br>Linha de elegibilidade = R$ 210,00 — unificada a linha de elegibilidade | Deixa de fazer referência a membros da família e usa família como uma unidade. Benefício único por família de R$ 400,00 fixos de maio a agosto, Lei n. 14.342, 18 de maio de 5/2022. Em setembro passou para R$ 600,00, valor que permanece em janeiro de 2023. |
| Bolsa Família | Referências — Luiz Inácio Lula da Silva | |
| 2023 | Salário mínimo = R$ 1.302,00/ /1.320,00<br>½ Sal. R$ 660,00<br>Linha de elegibilidade = R$ 218,00/16,5% do salário mínimo unificada para miseráveis e pobres<br>Dados da MP 1164, aprovada em 9 de maio de 2023. | Renda de Cidadania = R$ 142,00 por membro da família.<br>Benefício complementar família = soma de benefícios individuais de 142 *per capita* menos R$ 600,00.<br>Benefício para crianças 0-6 R$ 150,00 p/m<br>Criança e adolescente até 18 anos = R$ 50,00<br>Gestante e nutriz = R$ 50,00 mês. |

*Fonte*: Elaboração de Aldaiza Sposati e Raquel Costa.[11]

---

11. A construção do Quadro 2 foi inspirada em OSÓRIO, Rafael Guerreiro Osório; SOARES, Sergei S. D. O Brasil sem Miséria e as mudanças no desenho do Bolsa Família. *In*: BRASIL. Ministério do Desenvolvimento Social e Combate à Fome. *O Brasil sem miséria*. Organização: Tereza Campello, Tiago Falcão

**Gráfico 1.** Desenho do movimento longitudinal de alcance das linhas de elegibilidade dos benefícios de PBF-1, PBF-2 e PAB

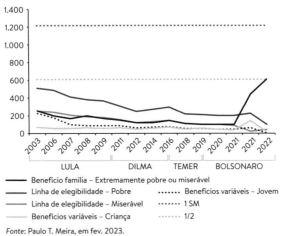

*Fonte*: Paulo T. Meira, em fev. 2023.

O PBF-1 no Governo Lula operou com **benefício básico**, para as famílias extremamente pobres e **benefícios variáveis**, que se estendiam às famílias pobres. O benefício variável I foi dirigido à família com presença de gestantes e nutrizes e crianças/adolescentes de 0 a 15 anos, até o limite de três beneficiários por família. Em sua primeira formatação em **2003** o PBF-1 operou com

---

e Patricia Vieira da Costa. Brasília: MDS, 2014. Disponível em: https://siteal.iiep.unesco.org/sites/default/files/sit_accion_files/br_0575.pdf. Acesso em: 13 ago. 2023.

**benefício básico** de **R$ 50,00**; o variável de 0-15 anos de **R$ 15,00.**

O PBF-2 inicia em 2011 no **Governo Dilma Rousseff,** operando a **focalização na miséria** constituindo-se em uma das frentes do Programa Brasil Sem Miséria. O PBF-1 e o PBF-2 não aplicaram valores relacionados à realidade do custo de vida, isto é, seus valores monetários não consideraram os valores necessários para acesso à sobrevivência digna de uma pessoa. Por isso, e no mais das vezes, não foi estabelecido nem sequer o valor de acesso a produtos de uma cesta básica, que deve ser o valor da linha de pobreza individual, inclusive porque é uma das referências para fixar o valor do salário mínimo.

A linha de miséria ou de pobreza não deveria ser firmada de modo arbitrário, isto é, estabelecida de modo unilateral e não democrático pelo governante de plantão. Entende-se que é necessário que ela seja referenciada a valores universais e que **tenha vínculo com correções anuais** diante do impacto da inflação no custo de vida.

Enfrenta-se no Brasil a ausência de uma linha universal de pobreza que deveria ser adotada, embora o IBGE tenha cálculos a respeito, lembrando que a fixação do valor do primeiro salário mínimo (Decreto-Lei n. 2 de 1º de maio de 1940) fluiu de estudo do sociólogo estadunidense Samuel Lowrie realizado com os dados de alimentação dos lixeiros da cidade de São Paulo.

# 4

# Análise longitudinal das linhas de elegibilidade e do valor de benefícios no PTRC: 2003 a 2022

O PBF-1 adotou como justificativa a racionalidade dos gastos com benefícios e isenções presentes em diversos programas sociais federais, apresentando-se como uma decisão pela qualificação da atenção prestada, unificando subsídios e transferências pontuais de renda, e estendendo sua cobertura à demanda existente[12]. Contou, nesse momento, com o apoio do Banco Mundial e conseguiu refrear a oposição que o qualificava apenas como um gasto social, pois a estratégia de comunicação

---

12. Interessante considerar se essa decisão unificadora desencadeou em parte a preferência por benefício único.

do programa o mostrava como qualificadora da gestão pública. O PBF-1 provocou unidade e racionalidade entre o leque de ações de benefícios e subsídios, que se faziam presentes em diferentes órgãos federais.

Desde 1990, já estava em tramitação projeto de Lei de Renda Mínima de Cidadania de autoria do então Senador Eduardo Suplicy. Uma proposta inovadora datada de uma década quando foi estabelecido o PBF-1. Essa proposta inovadora do então senador Suplicy, embora publicada em livro[13], obteve limitada incorporação na sociedade, na academia e no campo político. Desde então, instalou-se a confusa interpretação entre renda mínima, Renda Básica e transferência de renda, por vezes entendidas como sinônimos, ou, ainda, a baixa distinção entre acesso à renda como um programa social aos mais miserabilizados e acesso à renda como direito de cidadania. Propostas sensivelmente diversas quanto à sua inserção no campo dos direitos de cidadania, embora essa distinção permaneça com limitada compreensão entre governantes, gestores, políticos, mídia como direito de cidadania.

A densidade do campo do reconhecimento social a direitos humanos e sociais guarda diferença

---

13. Trata-se do livro de Eduardo Suplicy. *Renda de cidadania: a saída é pela porta*. 8. ed. São Paulo: Cortez, 2022.

entre 2003 e 2023. O frescor dos dispositivos da Constituição Cidadã de 1988 ainda permaneciam como hipóteses de ação, pois muitos deles continuavam sem aplicabilidade prática, ou não estavam regulamentados. A direção ideopolítica e econômica do neoliberalismo confrontou os princípios constitucionais do Estado Democrático de Direito gerando diversos dificultadores da efetivação de direitos humanos e sociais.

Nos anos 1990, tinha sido implantado o Programa Bolsa Escola, que operou a transferência de renda em âmbito nacional, mas com limitada cobertura. Diversas gestões municipais, sobretudo aquelas sob princípios progressistas (Campinas, Recife, Ribeirão Preto), mantinham PTRCs para além da municipalização do Programa de Erradicação de Trabalho Infantil (Peti), instalado por FHC em 1996. Outra inovação foi a implementação, em 1996, do Benefício Prestação Continuada (BPC), revisto na Constituição e regulamentado em 1993 na Loas, que garantiu o acesso ao salário mínimo mensal a idosos e pessoas com deficiência, cuja renda *per capita* não ultrapasse um quarto do salário mínimo nacional, além de substituir a Renda Mensal Vitalícia implantada em 1974.

O PBF-1 instituído pelas **Leis n. 10.689, de 13 de junho de 2003, e n. 10.836, de 9 de janeiro de 2004** constituiu-se em um programa social focalizado e condicional de transferência de renda para famílias extremamente pobres. Um programa de alcance nacional que incluiu milhões de pessoas, com alta movimentação financeira e exigiu forte desenvolvimento de gestão administrativa e bancária. A ponto de constituir em si mesmo uma Secretaria de um Ministério.

Lembre-se, porém, de que a decisão de institucionalização do **PBF-1** não fez menção a possíveis vínculos com a alternativa instituída pela Lei n. 10.835 de 2004 ou o vínculo com a implementação da **Renda Básica de cidadania** e seus contornos assentados em direitos de cidadania.

O PBF-1 partiu do entendimento de que o **acesso à renda teria, por propósito, o alívio imediato da situação de extrema pobreza.** Não se tratava de uma garantia de renda como o BPC, de caráter mais permanente e no valor do salário mínimo, mas de uma cobertura focalizada às famílias sob renda familiar *per capita* inferior a R$ 70,00 mensais, com valor de repasse bem reduzido e com portas de saída abertas pela condicionalidade e averiguações sobre a declaração de renda. Seu sentido disciplinar foi centrado no cumprimento de condicionalidades dirigidas, sobretudo, para crianças/adolescentes e gestantes/nutrizes. A presença de condicionalidades disciplinadoras amainava as críticas de traço patriarcal para quem instalar um programa de benefícios a segmentos da população agradava os afeitos à vadiagem, pois se configurava como estímulo à preguiça e não ao trabalho[14].

Ao ser pensado como um alívio, o PBF-1 limitou a perspectiva de **superação da precariedade com atenções a situações de agravos para a sobrevivência, o que o levou a um horizonte de mitigação da miséria.** Assim, o PBF-1 não foi construído sobre o pilar da garantia da dignidade

---

14. Foi atribuído considerável peso ao controle do cumprimento de condicionalidades, sendo que, a inadimplência com seu cumprimento significaria a perda do benefício. As unidades de educação e de saúde inseriam, em plataforma própria, com regularidade vigiada, o comportamento das crianças e gestantes e das famílias beneficiárias; sendo que a informação seguia diretamente para o controle centralizado de Brasília. Esse processamento centralizado não desencadeou a desejável articulação entre as atenções setoriais avizinhadas em espaço e demanda. No caso de ocorrência de irregularidades apontadas pelas plataformas centralizadas, Brasília devolvia o informe para o gestor do cadastro local (que pode ou não estar sediado no espaço de um CRAS). O CadÚnico tem formatação própria — sob definição central — de equipe operadora regularmente treinada para operar o CadÚnico). Sistema Nacional direciona os operadores. Essa operação endurecida e padronizada não incorpora as operações do CRAS e dos serviços que a ele são territorialmente avizinhados (creches, escolas, UBS). A coordenação do CRAS propriamente dita é inserida quando da ocorrência de uma irregularidade da parte do beneficiário; nessa ocasião, é convocado para verificar a justificativa da causalidade da inadimplência, para que sejam adotadas as "medidas de punição" que são consideradas pelo regulamento cabíveis. Como se percebe há uma grande distância operativa no PBF entre ser um programa de proteção social ou uma ferramenta de disciplina do miserável.

humana. Por vezes, surpreendeu o comentário de especialistas apontando que o PBF-1 tivesse reduzido índice de pobreza, embora, de fato, estivesse dirigido aos níveis mais baixos de manifestação de pobreza ou a miserabilidade, avaliada sob valores inferiores aos internacionais e aos do IBGE.

O extremamente pobre (miserável) é considerado aquele que conta com renda *per capita* que não alcança a renda de quem é pobre, pois, pelos referenciais aplicados, um pobre seria igual a dois extremamente pobres. Essa versão abrasileirada de classificação mitigatória se distanciou de referências internacionais — como a paridade de poder de compra/consumo (PPC) — e mesmo das referências do IBGE.

Tratou-se da institucionalização de uma subcamada de brasileiros que vivem sob a discriminação monetária de renda, isto é, sem possibilidades de comparação com padrões de referência nacionais e internacionais. Com frequência, são localizadas análises sobre valor do benefício mas, dificilmente, se encontram referências sobre os valores de focalização aplicados nas linhas de elegibilidade classificatórias do *per capita* familiar[15].

---

15. Os valores presentes em janeiro de R$ 105,00 e R$ 210,00 para o *per capita* familiar de extrema pobreza e pobreza em dólares correspondem a US$ 19,7 e US$ 39,3 dólares/mês, isto é, US$ 0,6 e US$ 1,3 dia para os extremamente pobres e os pobres. O PPC do Banco Mundial para a extrema pobreza é US$ 1,90.

**De início, o PBF-1 mencionou os valores de 1/4 e 1/2 salário mínimo como renda familiar *per capita*** quando, em 2003, o valor do salário mínimo era de R$ 240,00. A renda familiar *per capita*, de fato, escalou para baixo os valores de operação, decaindo os 120 reais, relativos a ½ salário mínimo para R$ 100,00 e os R$ 60,00, ¼ do salário mínimo para R$ 50,00. Foi criada aleatoriamente a referência de que a linha de elegibilidade para a pobreza seria o dobro da linha de elegibilidade da miséria ou vice-versa. Mas, sempre, sem guardar relação com as mutações dos valores do salário-mínimo ou dos dados estimados pelo IBGE, e as referências internacionais. Note-se que essa conduta é indicativa de afastamento do Estado em garantir condição básica universal de cidadania para todos, ferindo assim princípio igualitário constitucional. Em 2023, com o salário mínimo de R$ 1.320,00, a referência de pobreza (½ salário mínimo pessoa) deveria equivaler a cerca de R$ 660, mas se mantém em R$ 210,00, e para extrema pobreza/miséria (¼ do salário mínimo por pessoa) deveria estar próxima a R$ 330,00, todavia está estabelecida em R$ 105,00.

É de imediata percepção a dissociação existente quanto aos valores do PTRC e a provisão de garantias à preservação da dignidade humana. Permanece a prática de valores sob referência de mitigação, que acaba por constituir um segmento de pessoas e de famílias sob um *apartheid* decorrente do afastamento da condição de cidadãs como as demais.

A possiblidade de ser resgatada a referência do PSF-1, em 2003, ancorada ao salário mínimo, foi aqui valorizada, embora ela não esteja incluída para provisão do valor do benefício a compor a LDO atual.

O PBF-1 no Governo Lula operou com **benefício básico** para as famílias extremamente pobres e **benefícios variáveis,** que se estendiam às famílias pobres. O benefício variável I foi dirigido à família com presença de gestantes e nutrizes e crianças /adolescentes de 0 a 15 anos, até o limite de 3 beneficiários por família. Em sua primeira formatação em **2003** o PBF-1 operou com **benefício básico** de **R$ 50,00**; o variável de 0-15 anos de **R$ 15,00.**

O PBF-2 inicia em 2011 no **Governo Dilma Rousseff,** operando a **focalização na miséria**, constituindo-se em uma das frentes do Programa Brasil Sem Miséria. O PBF-1 e o PBF-2 não aplicaram valores relacionados com à realidade do custo de vida, isto é, seus valores monetários não consideraram os valores necessários para acesso à sobrevivência digna de uma pessoa. Por isso e no mais das vezes não foi estabelecido nem sequer valor de acesso a produtos de uma cesta básica, que deve ser o valor da linha de pobreza individual, inclusive, porque é uma das referências para fixar o valor do salário mínimo.

A linha de miséria ou de pobreza não deveria ser algo arbitrário, estabelecida de modo unilateral e não democrático pelo governante de plantão, entende-se que é necessário que ela se refira a valores universais, e que tenha vínculo com correções anuais face o impacto da inflação no custo de vida. Enfrenta-se no Brasil a ausência de uma linha universal de pobreza que deveria ser adotada.

O valor do benefício ao não ser justificado pelas condições que geram para o cidadão beneficiário ancora-se na capacidade de financiamento aprovada no orçamento público. Essa desvinculação entre valor de benefício e sua capacidade real de cobertura está instituída como prática operacional de financiamento do benefício desde o primeiro formato de PBF. Ela se funda no "entendimento-raiz" de que seu objetivo está no alívio e mitigação e não na garantia de acesso a condições de sobrevivência digna.

Em 2012, a estratificação e focalização na extrema pobreza ganhou reforço com a introdução do **benefício de superação da pobreza (BPS)** para completação da renda *per capita*, quando os benefícios básico e variáveis não atingiam a linha básica de elegibilidade *per capita* dos extremamente pobres. Inicialmente, foi aplicado junto a famílias com crianças de 0-6 anos, depois estendido para aquelas com crianças de 0-15 anos e, enfim, universalizado a todos[16]. Portanto, um benefício de ajuste que aplicado caso acaso permitia ao governo afirmar que a família deixava de ser extremamente pobre para ser pobre, um sinal apenas hipotético, que avançava o valor do benefício de um em um real. Embora o sentido das palavras superação da pobreza esteja correto, sua aplicação concreta com a distância de um real pouco alterava a vida do miserável em ascensão para ser pobre (quando o correto seria não pobre) e pouco alterava sua condição de vida.

Entre 2003 e 2016, os benefícios foram reajustados seis vezes: 2007, 2008, 2009, 2011, 2014 e 2016. Nesse último ano, a presidência já se encontrava sob a gestão interina do vice-presidente Michel Temer designado para tanto em 12 de maio de 2016, quando tramitava o processo

---

16. O BSP consistiu em complementação do valor da renda *per capita* da família pós benefício para que o valor *per capita* do miserável superasse o valor seletivo de seu ingresso. Foram agregados pequenos valores com intervalos de 2 em 2 reais, até alcançar à época R$ 71,00, isto é, um real a mais do que a referência de renda *per capita* da linha de elegibilidade miseráveis ou extremamente pobres. Sem vínculo com o custo de vida esse 1 real forjou o hipotético entendimento de que havia superado o número barreira de miserabilidade escalonando-o para a hipotética situação monetária classificada como pobre. Essa lógica de benefício reparador foi replicada no Governo Bolsonaro sob o valor de intervalo de R$ 25,00 a R$ 25,00.

de *impeachment* da presidente Dilma Rousseff. Temer foi consolidado como presidente em 31 de agosto de 2016. Em **2018**, ainda sob Temer, ocorreu novo reajuste alterando a linha de elegibilidade de **extrema pobreza** de R$ 85,00 para R$ 89,00, o benefício básico de R$ 85,00 para R$ 89,00, o benefício variável criança, gestante e nutriz de R$ 39,00 para R$ 41,00, o benefício jovem de R$ 46,00 para R$ 48,00.

Interessante que, durante o PBF-2, ganhou destaque a figura de um **valor hipotético de benefício médio**. De fato, nada mais é do que um valor de referência assentado nos gastos e não nos benefícios. Ele resulta do cálculo da média aritmética entre o gasto orçamentário estatal e o número de unidades familiares beneficiárias. É clara a aleatoriedade desse cálculo deslocado do real, mas consta das comunicações do Governo como se fosse o que de fato chega às mãos das pessoas. O "clima" do governo em 2016, pós-*impeachment* foi marcado pela austeridade e pelo corte de recursos orçamentários, ocorrendo a submissão a rígidos controles e realização de sindicâncias. A preocupação com a redução de gastos levou a aprovação da PEC de Teto de Gastos que reduziu, sobretudo, o alcance das políticas sociais, cuja gestão passou a ocorrer sob ambiente marcado por forte insegurança/incerteza orçamentária. A estratégia para o PTRC foi buscar alongar as portas de saída do PBF-2 e encurtar suas portas de entrada[17].

Em julho de 2016, foi registrado corte de cerca de 500 mil beneficiários. A média de famílias com benefícios cancelados saltou de 174 mil famílias//mês em 2015 para 289 mil famílias/mês em 2018. Nesse momento o desligamento das famílias incluía estratégias para além de condicionalidades, pois estas não possuíam mais força motriz para tanto e a gestão da austeridade colocou 5.440.713 famílias sob procedimento de averiguação cadastral; de outro modo, corriam relatos de que atitudes meritocráticas estavam sendo adotadas, individualmente por gestores.

Um primeiro investimento para comunicação com beneficiários ocorreu em 2018 com o lançamento do APP Meu CadÚnico, que, ao mesmo tempo, divulgava feitos e possibilitava ao beneficiário consultar suas informações. Durante o tenso processo eleitoral de 2018 e a posse de novo governo do país, em janeiro de 2019, não ocorreram alterações nos valores aplicados bem como na estratificação/focalização de famílias e no valor dos benefícios concedidos pelo do PBF-2.

Em abril de 2020 sob a pandemia provocada pelo Sars-Cov-19 foi instituído auxílio benefício

---

17. O Governo Temer criou, ainda, um programa paralelo ao PBF-2, denominado Criança Feliz, em que envolveu sua esposa como embaixadora do Criança Feliz.

individual no valor de R$ 600,00, sob caráter emergencial, o Auxílio Emergencial sem aplicação de condicionalidades e cujo cadastro era simples e por meio de formulário eletrônico preenchido pelo próprio requerente. As famílias do PBF-2 que recebiam valor menor que o deste Auxílio, passaram a receber uma complementação para alcançar os R$ 600,00 e aquelas que recebiam valor maior não tiveram alteração. Nesse período não ocorreram inclusões no CAD (tem-se informação de que postos de CAD utilizaram de atendimento remoto quando os cadastros foram operados por telefone/WhatsApp). Esse foi um período em que pelas escolas fechadas não cabia o controle de condicionalidades.

O Programa Auxílio Brasil, instituído em agosto de 2021, atualizou a linha de elegibilidade — ou de estratificação/focalização — para seleção de beneficiários: até R$ 105,00, o *per capita* familiar dos extremamente pobres e, R$ 210,00 como *per capita* familiar dos pobres. Houve correção dos valores dos benefícios, distinção na faixa etária de 0 a 3 anos e de 3 a 15 anos e extensão do alcance dos 17 para os 21 anos, quando o jovem frequentasse o ensino médio, ainda foram instituídos outros benefícios a depender de méritos individuais e esforços familiares de emprego e renda para autonomia.

O processo combinado entre o **PBF-2** e o **Auxílio Emergencial** se manteve por 16 meses (de abril de 2020 a agosto de 2021), quando foram substituídos pelo Auxílio Brasil. Nesse período, ocorreu o convívio de duas modalidades de transferência de renda sob o valor único de R$ 600,00: uma individual e outra familiar. Pode-se dizer que aqui o Governo Bolsonaro abriu a igualdade de trato pela aplicação do valor único. Neste momento ocorreu um movimento no Parlamento que aprovou um benefício de R$ 600,00, rejeitando os R$ 400,00 da proposta do governo. Esse foi o momento em que se rompeu com o modelo do PBF-1 e do PBF-2, em que o valor final recebido decorria da composição de benefícios parciais. Interessante notar que o valor único do benefício tem potencial de construir o valor da igualdade de trato e a identidade social entre os beneficiários.

Apesar dessa cesta-raiz de diversidades, a experiência do benefício de valor único trazida pelo Auxílio Emergencial, a discussão jurisdicional e social sobre a incidência dos benefícios para a dignidade humana e a jornada campanhista de reeleição presidencial, logo em janeiro de 2022, passou-se a uma operação sequencial de valor de benefício único, independentemente da linha de miséria ou pobreza e da composição familiar, de R$ 400,00 e depois de R$ 600,00.

A convicção popular na garantia do valor único de benefício em R$ 600,00 teve força capaz de convergir os programas

 apresentados pelas duas candidaturas para o mesmo valor unitário. Assegurar esse valor passou a ser o chão da proposta da candidatura Lula, ainda que resgatando o mesmo título de Bolsa Família, cujo desenho sempre foi oposto ao benefício único.

## 4.1 Diálogo entre valores monetários do PTRC brasileiro perante a mutação dos valores do salário mínimo

A direção residualista e mitigadora que desde 2003 foi adotada pelo PTRC no Brasil, linha de gestão indicada pelo Banco Mundial, foi a cada vez mais afastando os padrões de operação do Programa do padrão monetário do custo de vida. Foi somente com as medidas de enfrentamento da pandemia que o Auxílio Emergencial, por decisão do Congresso Nacional, obteve valor único significativo, adotou o benefício único e superou o trato dual da demanda entre pobres e extremamente pobres, com valores monetários distintos sob referências internas do Programa e por consequência distantes do estabelecido pelos órgãos oficiais sem diálogo e encapsulado em gabinetes.

O Gráfico 1 permite divisar o afastamento contínuo dos valores dos benefícios situados abaixo de um quarto do salário mínimo. A análise longitudinal de cada PTRC espelhada em quadros e gráficos gera sensível impacto por constatar que as linhas de elegibilidade, entre 2003 e 2021 sofreram queda importante ao longo do tempo. Em 2021 a linha de miserabilidade chegou ao valor de **32% do quarto do salário mínimo** (ou 8% do salário mínimo) e a linha de pobreza em 16%.

Só receberiam benefício quem vivesse com menos de 10% do salário mínimo por mês. Foi desse patamar que ocorreu o salto do benefício para 600 reais, equivalente a 50% do valor total do salário mínimo, de imediato sem alterar a dupla linha de seletividade/elegibilidade, o que foi superado tendo somente como referência a linha de pobreza. O Quadro 3, ilustrado a seguir, permite a leitura clara desse reducionismo.

Durante os vinte anos de experiências de PTRC no Brasil ocorreu um processo contínuo de subvalorização do valor dos benefícios como também contínua restrição nas linhas de elegibilidade que seleciona os possíveis beneficiários entre os cadastrados.

Em outras palavras, foram sendo ampliadas as restrições para inclusão no benefício à medida que a linha de corte foi reduzindo seu valor o que seguiu limitando o ingresso ao estado de forte pauperismo. O Quadro 3 mostra a contínua subvalorização de benéficos em comparação aos valores do salário mínimo.

Os valores classificatórios/seletivos a cada vez mais foram se afastando do reconhecimento do custo da vida real sob baixa renda. Esse

Quadro 3. Tábua de valores de benefícios praticados entre 2003 e 2022 em comparação com frações de valor do salário mínimo (100%, 1/2 salário mínimo e ¼ salário mínimo) aplicados em linhas de elegibilidade e nos benefícios

| Presidente | Período | Ano | Salário mínimo | | | Linha de elegibilidade | | | | Benefício família Base 1 salário mínimo | | | | | |
|---|---|---|---|---|---|---|---|---|---|---|---|---|---|---|---|
| | | | 1 salário mínimo | ½ | ¼ | Pobre ½ salário mínimo | | Miserável ¼ salário mínimo | | Miserável | | variável criança | | variável jovem | |
| | | | | | | valor | % | valor | % | valor | % | valor | % | valor | % |
| Luiz Inácio Lula da Silva | PBF — 1 | 2003 | 240 | 120 | 60 | 100 | 83% | 50 | 83% | 50 | 21% | 15 | 6% | 0 | 0 |
| | | 2006 | 300 | 150 | 75 | 120 | 80% | 60 | 80% | 50 | 17% | 15 | 5% | 0 | 0 |
| | | 2007 | 350 | 175 | 88 | 120 | 69% | 60 | 69% | 50 | 14% | 18 | 5% | 30 | 9% |
| | | 2008 | 380 | 190 | 95 | 120 | 63% | 60 | 63% | 62 | 16% | 20 | 5% | 30 | 8% |
| | | 2009 | 465 | 233 | 116 | 140 | 60% | 70 | 60% | 68 | 15% | 22 | 5% | 33 | 7% |
| Dilma Rousseff | PBF — 2 | 2011 | 545 | 273 | 136 | 140 | 51% | 70 | 51% | 70 | 13% | 32 | 6% | 38 | 7% |
| | | 2012 | 678 | 339 | 170 | 140 | 41% | 70 | 41% | 70 | 10% | 32 | 5% | 38 | 6% |
| | | 2014 | 678 | 339 | 170 | 154 | 45% | 77 | 45% | 70 | 10% | 35 | 5% | 42 | 6% |
| Michel Temer | PBF — 2 | 2016 | 680 | 340 | 170 | 170 | 50% | 85 | 50% | 85 | 13% | 39 | 6% | 46 | 7% |
| | | 2018 | 954 | 477 | 239 | 178 | 37% | 89 | 37% | 89 | 9% | 41 | 4% | 48 | 5% |
| Jair Bolsonaro | PBF — 2 | 2019 | 998 | 499 | 250 | 178 | 36% | 89 | 36% | 89 | 9% | 41 | 4% | 48 | 5% |
| | | 2020 | 1.039 | 520 | 260 | 178 | 34% | 89 | 34% | 89 | 9% | 41 | 4% | 48 | 5% |
| | | 2021 | 1.100 | 550 | 275 | 178 | 32% | 89 | 32% | 89 | 8% | 41 | 4% | 48 | 4% |
| | PAB — 1 | 2021 | 1.100 | 550 | 275 | 210 | 38% | 105 | 38% | 400 | 36% | 130 | 12% | 65 | 6% |
| | PAB — 2 | **2022** | **1.212** | **606** | **303** | **210** | **17%** | **210** | **17%** | **600** | **50%** | **0** | **0** | **0** | **0** |

**Nota:** Desde 2003, o PTRC passou por momentos distintos de formatação e gestão. Durante a pandemia de covid-19, o Programa Bolsa Família–PBF conviveu de junho de 2020 a setembro de 2021, com o Auxílio Emergencial (AE). O Programa Auxílio Brasil (PAB) viveu dois momentos distintos, com o pagamento de R$ 400,00 e posteriormente R$ 600,00. O PAB, embora criado em agosto de 2021, só teve a sua regulamentação e autorização de pagamento em novembro de 2021, seguindo a modelagem do PBF, conforme divulgado pela Caixa Econômica Federal (disponível em: http://bit.ly/3lpWiuD. Acesso em: 22 fev. 2023.)

Fonte: Elaborado por Aldaíza Sposati e Paulo de Tarso Meira

reducionismo atraente ao neoliberalismo não se colocou no debate acadêmico e político.

Algumas ocorrências são a seguir sublinhadas:

a) **Modificação do uso de distintas linhas de elegibilidade que categorizavam famílias em extremamente pobres e pobres** sem demonstração da razão classificatória, até porque medidas nacionais e internacionais de pobreza dizem respeito ao indivíduo;

b) **Valores atribuídos para as linhas de elegibilidades a menos de 1 dólar/dia** sendo com os extremamente pobres U$ 0,65/dia, como para o pobre de US$ 1,3 dólar/dia em confronto com **o valor internacional do Banco Mundial de US$ 2,15 pessoa/dia (alteração em setembro de 2020 com dados do PPC de 2017). O IBGE ressalta que esse valor se refere à extrema pobreza, pois a linha de pobreza do Brasil seria de US$ 5,5 pelo PPC.** A seletividade de *per capita* aplicada no PBF e Auxílio Brasil está bem abaixo dos valores internacionais, o que reforça necessidade em rever esse tipo de estratificação que permanece de costas para a cidadania;

c) **Cálculo da renda *per capita* baseado no CadÚnico** não distingue se a procedência do ganho é intermitente, não distingue se ela provém de um provedor ou de um dependente (mesmo que menor de 18 anos), não incorpora no cálculo as despesas da família, mas incorpora eventuais benefícios recebidos por necessidades individuais e os trata como forma de provimento do coletivo dos que vivem no mesmo endereço;

d) **Processo pautado na homogeneidade** não apresenta permeabilidade para apoiar a diversidade de raça, gênero, etnia, território, unidades chefiadas por mulheres que precisam trabalhar e cuidar da prole;

e) **Processo de gestão centralizada de PTRC** que aplica referências homogêneas, isto é, que não levam em conta as singularidades dos territórios onde vivem os beneficiários;

f) **Processo de gestão de PTRC** não tem gestão federativa democratizada, nem canais de comunicação verticais que possibilitem a escuta e manifestação de beneficiários.

# 5

# Incidência longitudinal da relação CadÚnico e cobertura de beneficiários de PTRC no país e por regiões entre 2020 e 2022

Resgataram-se os dados referentes à abrangência quantitativa do CadÚnico e do PTRC, e sua interdependência, ano a ano, entre 2003 e 2022. Essa reconstrução quantitativa possibilitou avaliar a constância e a variação ao longo dos 18 anos de PTRC, gerando como indicador o conhecimento da taxa de cobertura de beneficiários entre os cadastrados.

Precede o exame da relação CAD × PTRC algumas considerações sobre o CadÚnico e sua relação gemelar e univitelina com o acesso ao benefício de PTRC. Embora seja importante o exame de quantidades é preciso ter claro que o benefício de *per se* não acumula força necessária para enfrentamento da miséria ou da pobreza sobretudo quando seu potencial é frágil perante o custo de vida. As quantidades não se assentam, necessariamente, na preservação de direitos humanos e sociais, preservação de direitos da criança e do adolescente, trato inadequado da capacidade protetiva do convívio familiar, direitos etários de idosos sem correlação com o trato da previdência social, trato das pessoas com deficiência que aguardam em filas para ter o CAD antes da fila de espera para obter o BPC, pela ambiguidade entre viver sob um mesmo teto e viver sem teto. Permanece a leitura dos cadastrados pela homogeneidade sem levar em conta a subalternização que ocorre ao negar a diversidade.

A dinâmica do CAD tem várias causalidades afetas, ou não, ao PTRC. Uma das causas foi fortalecida durante a pandemia, da redução etária para inscrição no CAD e no PTRC de 18 para 16 anos no caso da morte dos responsável familiar sob situações de calamidades e desastres que implicou a que um adolescente com filho, ou um adolescente com irmãos em uma família, assumisse a responsabilidade pelo benefício. A adolescente-mãe pode cadastrar a si e a seu filho e constituir uma nova família, como também poderá fazê-lo o adolescente de 16 anos, que ficou órfão com seus irmãos. Ambos serão novos RF-responsável familiar. O crescimento da população isolada ou agregada, mas que vive espalhada em situação de rua, tem sido outra demanda para o CadÚnico e que impacta o número de pessoas sós.

Ampliou a demanda pelo CAD quando inadequadamente foi exigido que as atenções e cuidados socioassistenciais passassem a demandar do usuário, a apresentação do seu CadÚnico atualizado, para ser incluído na atenção. Essa condução do gestor não parece fazer sentido pois, pela natureza de serviços público, o CPF e/ou a CI (identidade) são habilitações de identidade da/o cidadã/ão. O serviço público tem por crivo da demanda a natureza da necessidade e não a capacidade de consumo do *per capita* familiar. A precificação mercadológica não é parte da proteção social e não pode ser uma barreira à inclusão em qualquer atenção. De fato uma medida marcada pela arbitrariedade que está a exigir a atenção ética do SUAS superando essa exigência de inscrição atualizada no CadÚnico para ser atendido. A necessidade deve prevalecer à situação financeira. Ser incluído em uma política de seguridade social não significa receber gratuidade mas acessar a um direito. Essa exigência rebaixa a assistência social a um lugar de não política social (e o lugar de política de seguridade social que lhe foi posto pela CF-88). A primeira característica de uma política social é a desmercadorização, ou seja, o acesso a atenção como direito, sem qualquer pagamento. Portanto, não cabe exigir do usuário a comprovação ou a vigilância do mérito para ter o acesso pela "gratuidade".

Considerar o CAD um suporte para o SUAS exige que ele, de fato, se ocupe da análise da presença quali-quantitativa de desproteções sociais referidas às seguranças sociais, o que supõe muito mais do que a classificação do valor da renda *per capita*, pois a proteção socioassistencial não se refere a aquisição de capacidade de consumo no mercado. Outra aproximação necessária entre o CAD e o Suas implica que ele expresse, com clareza e prontidão, os vazios de proteção social nos territórios de atenção dos CRAS e CREAS.

A aparência é a de que o CadÚnico constitui um sistema substitutivo do velho atestado de pobreza para que um cidadão possa usufruir de um serviço público sem pagamento de taxas. Esse procedimento identifica a ocorrência de um descrédito na palavra do cidadão requerente. A exigência parece indicar que é preciso um avalista para afirmar que a palavra da/o cidadã/ão é verdade.

Outra demanda que solicita o CAD é a de isenção de pagamento de taxas públicas como dos correios, de matrícula em vestibular, entre outras. O motivo que leva alguém a se inscrever no CadÚnico não é somente o de obter a transferência de renda, todavia, não se conta com informes contínuos sobre essas incidências relativas aos motivos que levam a/o cidadã/ão a se inscrever no CadÚnico. Essa baixa visibilidade pode estar indicando que o CAD está mais apoiado em interesses de controle do Estado Fiscal, do que um suporte para o Estado Social.

Um exemplo pode ser extraído da inclusão na tarifa social dos beneficiários de PTRC. Interessante, mas com baixa visibilidade, é que ocorre incorporação de cadastrados no benefício da tarifa social. Os resultados da Aneel quanto à cobertura diante da demanda potencial mostram significativa distância de inclusão e cobertura à tarifa social de energia elétrica.

**Tabela 1.** Cobertura da tarifa social de energia elétrica entre os cadastrados no CAD

|  | Demanda do CadÚnico para tarifa social | Famílias do CAD com acesso à tarifa social | % | Famílias do CAD não incluídas na tarifa social | % |
|---|---|---|---|---|---|
| **Jan. 20** | 22.351.469 | 9.404.427 | 42% | 12.947.042 | 58% |
| **Jan. 22** | 26.322.129 | 13.110.717 | 50% | 13.211.412 | 50% |
| **Jan. 23** | 33.473.906 | 15.958.669 | 48% | 17.515.237 | 52% |

*Fonte*: Elaborado com base em: https://antigo.aneel.gov.br/indicadores-da-distribuicao e https://aplicacoes.cidadania.gov.br/vis/dash/painel.php?d=143#. Acesso em: 14 ago. 2023.

Há dois anos a Aneel produz dados sobre a cobertura de cadastrados pela tarifa social de energia elétrica. E considera não só os beneficiários de PTRC mas todas as unidades familiares cadastradas, isto é, aquelas cujo ganho familiar atinge até três salários mínimos. Note-se pela Tabela 1 que a cobertura da tarifa social não chega a 50% dos cadastrados. Em 2020 era de 42% e, em 2023, de 48%. Estes registros fortalecem a perspectiva de que a gestão do CadÚnico incorpore a preocupação com a presença e expansão de acesso daqueles que, cadastrados, têm direito de usufruir.

Diferente de outros documentos, convém destacar que o CadÚnico tem curta vida ativa, pois deve ser continuamente atualizado. Pela regra do CAD, é preciso refazê-lo em curtos intervalos e manter a obrigação de comunicar qualquer alteração de dados. Trata-se de processo contínuo de atualização que destaca a certificação do endereço, do CPF e da renda familiar. Considera-se que a inserção no CAD pode ser analógica à declaração negativa do IRPF. No CAD, é declarada a ausência de renda, sem usufruir de direitos dos que declaram posse de renda.

Essa exigência de atualização faz com que sempre o CAD tenha filas em seus postos de cadastramento, quer para inscrição quer para atualizar. O momento de operação do Estado Fiscal, o CAD é submetido a regras de austeridade sendo compulsória a presença do cadastrado no Setor de Cadastro da Prefeitura respectiva, para comprovar os dados e atualizá-los. Assim foi com Temer, com Bolsonaro e, no início de 2023, no Governo Lula, infelizmente se repete essa conduta fiscal, que é apresentada como um feito significativo de governo pelo novo "Ministro Social" Wellington Dias. Trata-se de intensa operação para "catar irregularidades" e caçar o benefício de mais de 2,5 milhões de famílias. Desconfiam que no período eleitoral pessoas isoladas se cadastraram e provocaram aumento de cadastros e de benefícios. [18]

De fato, ocorre um deslocamento da função do CadÚnico como integrador da atenção prestada por diferentes instituições e diversos programas sociais do Governo Federal, estaduais e municipais. A promessa era a de que com ele se instalaria a relação de complementariedade entre as atenções, resultado que ainda não se apresentou à sociedade. Não se tem resposta sobre o que o NIS garante ao cidadão nem mesmo a relação cidadão-Estado. Não há clareza sobre os nexos que o NIS tem de fato e de direito feito acontecer (ainda que apenas em promessa).

Sem visibilidade do feito pelo CAD-NIS para facilitar e qualificar a atenção ao cidadão ou mesmo para qualificação da ação governamental na cobertura de demandas, entende-se que só esteja

---

18. Essa interrogação do governo foi uma das motivações deste ensaio. Seria de fato o movimento do CAD e do PTRC nos últimos anos díspares com os dados dos demais anos? A coleta de dados longitudinais tem essa preocupação.

operando como ferramenta estatal que gera um *apartheid* para consolidar a cidadania social. Concepções segregadoras e discriminadoras em geral têm presença na formatação de atenções sociais, desenhando-as como altamente seletivas sobretudo em contextos de alta desigualdade social.

Propaganda governamental usa o texto: "O Cadastro Único é **usado pelo Governo Federal** para **identificar e ajudar** as famílias que estão em situação de vulnerabilidade social".

Interessante é a orientação apresentada para inscrição: ela contempla as famílias em situação de pobreza, ou seja, que tenham uma renda mensal *per capita* de até meio salário mínimo ou total de até três salários mínimos.

Relembre-se que a linha de elegibilidade para acessar o benefício não tem nada a ver com parâmetros afiançadores do acesso à dignidade de condições de vida. É de se entender, por conclusão, que **o maior empenho do Executivo com o CadÚnico é o de realizar a seleção e não a inclusão**. Assim, é relativamente adequado divulgar o CadÚnico como **apoio a vulneráveis,** pois ele somente cadastra dados de requerentes. É o mecanismo operado por algoritmos da Caixa Econômica Federal que seleciona quem será incluído.

O CadÚnico tem efeito seletivo assentado em concepção unilateral, isto é, concepção resultante do escrutínio de uma fração gestora que atua no Executivo federal que não inclui o debate democrático do legislativo e não assenta suas raízes em referências ou linhas nacionais e internacionais de renda, inclusive para classificar seus níveis. Interessante notar que se discute valor de benefício, mas, como não se trata de uma proposta universal, não são discutidos os critérios monetários para a seleção da inclusão ou, como no dizer dos especialistas, do que chamam de boa focalização. Aqueles com CadÚnico e sem PRTC são os que estouram a linha da focalização ou a linha de elegibilidade, que reconhece o agregado como de renda miserável (extremamente pobre) e pobre.

Aqui cabe uma indagação diante do pacto federativo e da operação por sistema único com operação e financiamento pelos três entes federativos: quais as iniciativas que podem ser nominadas como criadas pelo governo federal?

Há ainda uma questão sem reposta quanto ao que o NIS tem garantido à/ao cidadã/ão no que se refere à completude de sua atenção entre as diferentes atenções e cuidados sociais públicos. Outro efeito que tem se colocado nas atenções do SUAS é o da exigência de que os usuários dos serviços socioassistenciais tenham o CadÚnico e logo, o NIS, o que, de fato, é inconcebível ao subordinar a necessidade de proteção social de um serviço socioassistencial à inscrição no CadÚnico.

A Tabela 2 tem por objetivo construir elementos para proceder à leitura longitudinal da relação de incidência entre o contingente de

**Tabela 2.** Incidência entre 2003 e 2022 de famílias e de pessoas cadastradas no CadÚnico e beneficiárias dos PTRC

| PERÍODO | | Famílias cadastradas (CadÚnico*) | Famílias beneficiárias (PTRC) | % | Pessoas cadastradas (CadÚnico) | Pessoas beneficiárias (PTRC) | % |
|---|---|---|---|---|---|---|---|
| Lula | 2003 | 9.000.000 | 3.600.000 | 40 | | 16.512.000 | |
| | 2004 | | 6.571.839 | | | | |
| | 2005 | 11.100.000 | 8.700.445 | 78,38 | | | |
| | 2006 | 15.125.898 | 10.965.810 | 72,50 | | | |
| | 2007 | 16.819.976 | 11.043.076 | 65,65 | | | |
| | 2008 | 18.284.298 | 10.557.996 | 57,74 | | | |
| | 2009 | 19.288.559 | 12.370.915 | 64,14 | | | |
| | 2010 | 20.813.445 | 12.778.220 | 61,39 | | | |
| | | | | **-11,10** | | | |
| Dilma | 2011 | 22.265.418 | 13.361.495 | 60,01 | | | |
| | 2012 | 25.063.802 | 13.902.155 | 55,47 | 81.322.507 | | |
| | 2013 | 27.194.588 | 14.086.199 | 51,80 | 85.057.820 | | |
| | 2014 | 29.164.446 | 14.003.441 | 48,02 | 88.339.340 | 48.694.561 | 55,12 |
| | 2015 | 27.325.069 | 13.936.791 | 51,00 | 80.954.053 | 47.368.956 | 58,51 |
| | | | | **-9,01** | | | |
| Temer | 2016 | 26.456.063 | 13.569.576 | 51,29 | 77.878.526 | 45.964.936 | 59,02 |
| | 2017 | 26.946.898 | 13.828.609 | 51,32 | 76.539.470 | 44.479.667 | 58,11 |
| | 2018 | 26.913.731 | 14.142.764 | 52,55 | 73.635.046 | 43.785.440 | 59,46 |
| | | | | **1,26** | | | |

| PERÍODO | | Famílias cadastradas (CadÚnico*) | Famílias beneficiárias (PTRC) | % | Pessoas cadastradas (CadÚnico) | Pessoas beneficiárias (PTRC) | % |
|---|---|---|---|---|---|---|---|
| Bolsonaro | 2019 | 28.884.000 | 13.170.607 | 45,60 | 76.417.354 | 40.831.596 | 53,43 |
| | 2020 | 28.875.190 | 14.274.021 | 49,43 | 75.220.543 | 43.591.597 | 57,85 |
| | 2021 | 32.553.506 | 14.519.216 | 44,60 | 81.774.739 | 49.997.084 | 61,14 |
| | 2022 | 41.293.865 | 21.601.182 | 52,31 | 93.626.078 | 55.808.906 | 59,61 |
| | | | | 6,71 | | | |

**Nota 1:** Os dados desta tabela foram obtidos no Visdata, Cecad, RI Social, Painéis de Monitoramento, isto é, pelos sistemas oficiais do Ministério do Desenvolvimento e Assistência Social, Família e Combate à Fome, operados pela Secretaria de Avaliação e Gestão da Informação (SAGI). Todavia, não foi possível, embora solicitado ao Portal de Acesso à Informação, obter as informações relativas às famílias cadastradas entre 2003 e 2005; e de pessoas cadastradas entre 2003 e 2011; e de pessoas beneficiárias de PTRC entre 2003 e 2011. Informalmente, diz-se que os dados tinham problema de consistência (Disponível em: https://www.gov.br/acessoainformacao/pt-br. Acesso em: 15 ago. 2023.).

**Nota 2:** Recente publicação da Rede Brasileira de Renda Básica (Disponível em: https://us3.campaign- archive.com/?u= 857a3b8a97c59f97e9be-d6e05&id=ae1cbaf7a2. Acesso em: 15 ago. 2023.), referente ao Projeto FTAS-RBRB, Estudos Temáticos no biênio 2020-2022, sob título "Renda Básica de Cidadania: Cenários para o Brasil Pós-Pandemia", em sua página 43, a Tabela 3 — Distribuição entre 2004 e 2020 do número de famílias beneficiárias nos meses de janeiro no Programa Bolsa Família, apresenta números divergentes dos elencados na tabela acima, ocorre que naquela ocasião, o mês de referência utilizado para o estudo foi janeiro, e na tabela acima utilizamos dezembro.

**Nota 3:** Diante do apagão de dados dos sistemas de SAGI, foram realizadas buscas de dados dos anos 2000 em fontes alternativas, encontrado, no "Caderno de Estudos-Desenvolvimento Social em Debate" -n. 01/p.15, a quantidade de beneficiários do PBF em 2003. Já os dados de 2010, foram encontrados no livro "Bolsa Família 2003-2010: avanços e desafios" — Vol1/p. 264, organizado por Castro e Modesto, s.d.*

**Nota 4:** Os dados totais de pessoas beneficiárias entre 2014 e 2020 foram obtidos por Shirley Samico a partir de dados da SENARC/MDAS, valendo-se da soma de dados municipais e estaduais para este estudo, mediante a dificuldade em obter de dados sistematizados, dificuldade em obter de dados sistematizados, Samico operou a partir de dados da SENARC/MDAS, valendo-se da soma de dados municipais e estaduais para este estudo, mediante a dificuldade em obter de dados sistematizados

* As informações da série histórica foram obtidas no Cecad 2.0 — Consulta, Seleção e Extração de Informações do CadÚnico, aba "Explorar, Série Histórica, Cadastro Único". Disponível em: https://cecad.cidadania.gov.br/agregado/resumovariavelCecad.php? f_ibge=6&nome_estado=Brasil&id=196. Acesso em: 15 fev. 2023. As demais informações da série histórica do PBF e PAB foram obtidas no Cecad 2.0 — Consulta, Seleção e Extração de Informações do CadÚnico, aba "Explorar, Série Histórica, PBF". Disponível em: https://cecad.cidadania.gov.br/agregado/resumovariavelCecad.php?uf_ibge=6&no-me_estado=Brasil&id=79. Acesso em: 15 fev. 2023.

beneficiários e o de cadastrados. Mesmo como unidades de responsáveis familiares (RF), ou como agregados de pessoas[19].

Verifica-se pelos dados de cadastrados e de beneficiários obtidos, que a maior cobertura ocorreu em 2005, no PBF-1, com o índice de 78,38%. Por sua vez, a menor incidência de cobertura ocorre com Bolsonaro em 2021 com 44,60%. Em 2005, ao que parece, somente cerca de 22 % dos cadastrados não estavam como beneficiários. À medida que o CAD é exigido para outras atenções que não o PTRC, a cobertura tende a descer. Essa diferença indica a existência de fila digital de espera, que não se torna visível ao olho humano pelo uso de máquinas sem corpos materializados.

Foi somente em 4 dos 18 anos de PTRC em que o índice de cobertura foi menor do que 50%: 2021, com 44,60 %; 2019, com 45,60%; 2014 com 48,02% e 2020 com 49,43%. Portanto, os menores índices de cobertura estão no período de 2019-2021, que correspondem a três dos quatro anos do Governo Bolsonaro.

---

19. Ocorreu enorme dificuldade na obtenção dos dados para a Tabela 1 para os primeiros anos de 2003. Foi sugerida a ocorrência de um apagão de dados dos Sistemas de SAGI. Alguns informes estão presentes no *Caderno de Estudos-Desenvolvimento Social em Debate*, n. 1, p. 15, quanto à quantidade de beneficiários do PBF em 2003. Tratou-se, porém, de informe pontual, sem continuidade ano a ano. A série, entre unidade cadastradas e beneficiárias, está praticamente completa, mas não a de quantidades de pessoas.

**Gráfico 2.** Incidência longitudinal das famílias cadastradas e beneficiárias de PTRCs

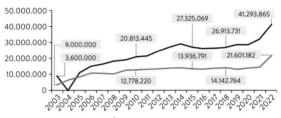

*Fonte*: Elaborado por Paulo de Tarso Meira, com base em https://aplicacoes.cidadania.gov.br/vis/data3/data-explorer.php. Acesso em: 22 fev. 2023.

Mesmo subindo o índice de beneficiários dentre os cadastrados, em 2022, os índices obtidos não alcançaram aqueles presentes no Governo Lula entre 2006 e 2010 e no Governo Dilma Rousseff, em 2011-2012. O Governo Bolsonaro é aquele que atingiu maior discrepância em toda a trajetória de 18 anos dos PTRC.

**Gráfico 3.** Incidência longitudinal das pessoas cadastradas e beneficiárias de PTRCs entre 2014 e 2022 – Brasil

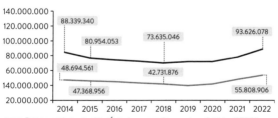

*Fonte*: Elaborado por Paulo de Tarso Meira, com base em https://aplicacoes.cidadania.gov.br/vis/data3/data-explorer.php. Acesso em: 22 fev. 2023.

Nota-se que, durante os governos Lula e Dilma, embora tenham obtido bons índices, a tendência geral foi reduzir a cobertura ano a ano, o que provocou uma redução entre 2006 e 2010 de 11,1% e, entre 2011 e 2015, a queda foi de 9,01%. Em contraponto, Temer, que iniciou com corte de beneficiários, ao final ampliou seu número em 1,26%. O Governo Bolsonaro, por sua vez, reduziu a cobertura de 2018 do Governo Temer de 52,55% para 45,60%, portanto cerca de 5% entre um ano e outro e só voltou a crescer no último ano do governo, atingindo 6,71%.

Quanto aos números de pessoas inscritas no CAD e as beneficiárias, obteve-se uma série histórica contínua entre 2014 e 2022, que mostra o número de pessoas no CAD sempre superior ao de beneficiários, incidindo entre 40% e 50% dos totais. Em 2019 foi constatado o menor contingente de pessoas beneficiárias ou 53,4% das pessoas cadastradas. O número de pessoas com benefício é sempre maior do que 50% das cadastradas e atingiu seu número máximo em 2021, com 61,14%. Esse movimento de incidências precisaria ser relacionado a ocorrências específicas, como desligamento massivo de beneficiários ou absorção de fila de espera.

A Tabela 3 mostra que, entre março de 2020 e novembro de 2022, o percentual de famílias beneficiárias de PTRC entre as inscritas no CadÚnico cresceu de 45,8% para 52,9%. A cobertura do PTRC dentre inscritos mantinha-se na variação entre 46% e 49%, assim o salto para mais de 50% foi inédito. A ultrapassagem da incidência entre beneficiários e inscritos no CAD revelou-se somente no ano eleitoral de 2022; isto pode indicar a existência/persistência de possíveis estratégias de contenção da inclusão de cadastrados como beneficiários ou da presença de flexibilizações pertinentes ou impertinentes de inclusão como a de debelar filas de espera em ano eleitoral 2022.

**Tabela 3.** Incidência longitudinal de famílias inscritas no CadÚnico (ganho total até 3 salários mínimos) e de famílias beneficiárias de transferência de renda (focalização do *per capita* familiar em 210 reais), entre março de 2020 e novembro de 2022

| Famílias | Mar. 20 | Jun. 20 | Jun. 21 | Set. 21 | Nov. 22 |
|---|---|---|---|---|---|
| inscritas no CAD | 28.484.729 | 28.955.032 | 30.323.524 | 31.159.533 | 40.719.144 |
| beneficiárias | 13.058.228 | 14.283.507 | 14.695.025 | 14.655.264 | 21.534.293 |
| % de inclusão | 45,8% | 49,3% | 48,4% | 47% | 52,9% |
| Índice de excludência entre datas | | 3,5% | -0,9% | -1,4% | 5,9% |

*Fonte*: Elaborado por Aldaiza Sposati e Paulo de Tarso Meira, com base em https://aplicacoes.cidadania.gov.br/vis/data3/data-explorer.php. Acesso em: 22 fev. 2023.

O Gráfico 4 inclui a taxa de cobertura entre beneficiários e inscritos entre 2018 e 2022. São quase 100 milhões de cadastrados e, destes, pouco mais da metade (55,8 milhões) são beneficiários de PTRC. Interessante observar que essa taxa de inclusão de pessoas é variável no período entre 2018 e 2022, quando caiu para 54% e subiu para 61%. Essa descontinuidade na inclusão no PTRC gera insegurança social nas famílias beneficiárias.

**Tabela 4.** Incidência longitudinal de pessoas inscritas no CadÚnico (ganho total até 3 salários mínimos) e de pessoas incluídas no PTRC entre março de 2020 e novembro de 2022 — Brasil

| Pessoas inscritas | Mar. 20 | Jun. 20 | Jun. 21 | Set. 21 | Nov. 22 |
|---|---|---|---|---|---|
| CAD | 75.122.587 | 76.041.909 | 77.871.964 | 79.383.926 | 92.737.678 |
| Beneficiárias | 43.706.588 | 43.646.173 | 44.107.772 | 27.264.829 | 55.263.465 |
| % de inclusão | **58,18%** | **57,40%** | **56,64%** | **34,35%** | **59,59%** |
| % de excludência |  | **-0,8%** | **-0,8%** | **-22,3%** | **25,2%** |

*Fonte:* Elaborado por Aldaiza Sposati e Paulo de Tarso Meira, com base nas famílias inscritas no CadÚnico, Famílias beneficiárias do PBF até outubro/21 e famílias beneficiárias do PAB. Disponível em: https://bit.ly/3HboSzx. Acesso em: 22 fev. 2023.

**Gráfico 4.** Relação entre pessoas inscritas no CadÚnico *versus* pessoas em unidades beneficiárias do PTRC entre 2018 e 2022

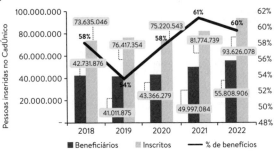

*Fonte:* Elaborado por Paulo de Tarso Meira, com base nas famílias inscritas no CadÚnico, Famílias beneficiárias do PBF até outubro/21 e famílias beneficiárias do PAB. Disponível em: https://bit.ly/3HboSzx. Acesso em: 22 fev. 2023.

**Tabela 5.** Taxa longitudinal de crescimento de cobertura entre famílias cadastradas no CadÚnico (ganho total até 3 salários mínimos) e famílias beneficiárias de transferência de renda (focalização em *per capita* até 210 reais), por região do Brasil entre março de 2020 e novembro de 2022

| Regiões | Mar. 20 | Jun. 20 | Jun. 21 | Set. 21 | Nov. 22 |
|---|---|---|---|---|---|
| **Nordeste** CAD | 11.769.836 | 11.880.430 | 12.278.871 | 12.529.866 | 16.019.241 |
| Nord. BENEF. | 6.658.677 | 7.096.522 | 7.205.620 | 7.192.494 | 9.912.074 |
| % de inclusão | 56,6% | 59,7% | 58,7% | 57,4% | **61,9%** |
| **Norte** CAD | 3.208.611 | 3.240.033 | 3.346.751 | 3.423.493 | 4.482.623 |
| Norte BENEF. | 1.689.646 | 1.796.817 | 1.795.009 | 1.792.856 | 2.588.978 |
| % de inclusão | 52,7% | 55,5% | 53,6% | 52,4% | 57,8% |
| **Sudeste** CAD | 8.971.725 | 9.179.140 | 9.750.745 | 10.086.195 | 13.494.377 |
| Sudeste BENEF. | 3.310.357 | 3.817.521 | 4.026.620 | 4.009.181 | 6.424.376 |
| % de inclusão | 36,9% | 41,6% | 41,3% | 39,7% | 47,6% |
| **Centro-Oeste** CAD | 1.909.993 | 1.951.229 | 2.061.562 | 2.138.080 | 2.883.374 |
| Centro-Oeste BENEF. | 608.571 | 680.981 | 709.220 | 706.772 | 1.148.950 |
| % de inclusão | 31,9% | 34,9% | 34,4% | 33,1% | 39,8% |
| **Sul** CAD | 2.624.564 | 2.704.200 | 2.885.595 | 2.981.899 | 3.839.529 |
| Sul BENEF. | 790.977 | 891.666 | 958.556 | 953.961 | 1.459.915 |
| % de inclusão | 30,1% | 33,0% | 33,2% | 32,0% | 38,0% |
| Total — CAD | 28.484.729 | 28.955.032 | 30.323.524 | 31.159.533 | 40.719.144 |
| Total — BENEF. | 13.058.228 | 14.283.507 | 14.695.025 | 14.655.264 | 21.534.293 |
| % de inclusão | **45,8%** | **49,3%** | **48,5%** | **47,0%** | **52,9%** |

*Fonte*: Elaborado por Aldaíza Sposati e Paulo de Tarso Meira, com base nas famílias inscritas no CadÚnico, Famílias beneficiárias do PBF até outubro/21 e famílias beneficiárias do PAB. Disponível em: https://bit.ly/3HboSzx. Acesso em: 22 fev. 2023.

O comportamento da cobertura de PTRC entre os inscritos do CadÚnico apresentou no período de 2003 a 2022 inflexões de intensidade em seu assentamento territorial. Um período oscilante no comportamento dos índices que gerou nos beneficiários percepções fluidas entre certezas e incertezas. Embora essas oscilações tenham cravado resultados negativos, o índice de cobertura no país foi maior em 2022 do que em 2020, registrando o patamar de cobertura de 52,8%.

A Tabela 6 permite apreciar a territorialização dos dados por Grandes Regiões do país no período de março de 2020 a novembro de 2022. Na Região Sul o número de beneficiários dentre cadastrados é bastante inferior àqueles das demais regiões, com 38%. Essa incidência mostra que nessa região os índices de miserabilidade necessários para inclusão no benefício são menores, o que sugere que a inscrição no CAD deve ocorrer para outras finalidades que não o benefício. Comportamento similar tem a região Centro-Oeste. Já no Nordeste a cobertura com o benefício do PTRC alcança os 62%.

É preciso relembrar que, para a inclusão de beneficiários, desde o PBF-1, foram definidas cotas/vagas por unidades da federação e por cidades. Essas cotas/vagas foram estabelecidas no MDS baseadas no quantitativo do que foi nominado de perfil de família para o PBF e recursos orçamentários disponíveis. Esses cálculos não raro foram questionados por prefeitos e governadores, solicitando sua revisão para que ocorresse a ampliação de cotas. Outra estratégia foi a de aplicação de controles de austeridade para provocar a redução de beneficiários e, pelo que se sabe, isto pode ter ocorrido até mesmo desde o nível local com baixa incidência do Censo do IBGE cuja baixa atualização estagnou em 2010.

**Tabela 6.** Taxas da cobertura percentual de famílias inscritas no CadÚnico (ganho total até 3 salários mínimos) e de famílias beneficiárias de transferência de renda (focalização em *per capita* familiar de 105 a 210 reais), entre março de 2020 e novembro de 2022 por Grande Região do país

| Percentual de inclusão por região | TAXA de COBERTURA = = Famílias no CAD × Famílias beneficiárias ||||| 
|---|---|---|---|---|---|
| | Mar. 20 % | Jun. 20 % | Jun. 21 % | Set. 21 % | Nov. 22 % |
| Nordeste % | 56,6 | 59,7 | 58,7 | 57,4 | 61,9 |
| Variação | | 3,2 | -1,0 | -1,3 | 4,5 |
| Norte % | 52,7 | 55,5 | 53,6 | 52,4 | 57,8 |
| Variação | | 2,8 | -1,8 | -1,3 | 5,4 |
| Sudeste % | 36,9 | 41,6 | 41,3 | 39,7 | 47,6 |
| Variação | | 4,7 | -0,3 | -1,5 | 7,9 |
| Centro-Oeste % | 31,9 | 34,9 | 34,4 | 33,1 | 39,8 |
| Variação | | 3,0 | -0,5 | -1,3 | 6,8 |
| Sul % | 30,1 | 33,0 | 33,2 | 32,0 | 38,0 |
| Variação | | 2,8 | 0,2 | -1,2 | 6,0 |
| Total | 45,8 | 49,3 | 48,5 | 47,0 | 52,9 |
| Variação entre regiões | | +3,5% | -0,9% | -1,4% | + 5,9% |

*Fonte*: Elaborado por Aldaiza Sposati e Paulo de Tarso Meira.

**Gráfico 5.** Número de famílias beneficiárias de PTRC por região e linha do total, no ano de 2022

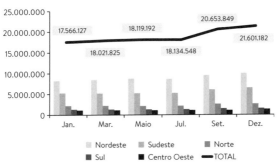

*Fonte*: Elaborado por Paulo de Tarso Meira, com base nos dados disponibilizados no Visdata. Disponível em: https://bit.ly/3HboSzx. Acesso em: 22 fev. 2023.

Em novembro de 2022, a cobertura da região Sudeste apresentou acréscimo de 7,9%, o mais alto índice de crescimento de cobertura dentre todas as regiões, e sua cobertura subiu de 39,7% para 47,6%. A seguir, a região Centro-Oeste com um crescimento de 6,8%, embora sua cobertura nunca tenha chegado a 40%. O Nordeste sempre recebeu o maior percentual comparado às demais regiões: em 2020, a cobertura entre os inscritos no CadÚnico já ultrapassava todas as demais regiões, com 56,6%. Manteve sempre essa *pole position* e, em novembro de 2022, alcançou 61,9% de cobertura de beneficiários, embora sua taxa de crescimento entre 2021 e 2022 tenha sido a mais baixa dentre as regiões, com 4,5%. Em contraponto, na região Sul, a inserção no CadÚnico deve ser provocada por outras demandas, que não o acesso ao PTRC, pois a taxa de cobertura foi de 30,1% em março de 2020 e concluiu 2022 com 38% ou um incremento de 6%.

Enquanto as regiões Sul e Centro-Oeste apresentam menor cobertura dos cadastrados pelo benefício e não chega a alcançar 40%, o Sudeste mantém-se entre 36,9% e 48%, já as regiões Norte e Nordeste, em 2022, apresentam cobertura de 52,7% e 61,9% respectivamente. Vê-se que a variação dos índices entre as regiões é bem discrepante e que, no geral, entre as datas examinadas, em 2021 e 2022, houve um incremento de 5,8%, mas entre as datas de 2021, decresceu em 2,3%.

Entre março de 2020, última folha de pagamento do Programa Bolsa Família, antes do início do Auxílio Emergencial, e a última extração do Auxílio Emergencial, foi revelado que entre setembro de 2021 (extinção do Bolsa Família) e novembro de 2022, ocorreu crescimento de 47% das famílias beneficiárias, que **saltaram de 14,6 milhões para 21,6 milhões de famílias**.

Registre-se que o contingente de beneficiários que transitaram de 2022 para 2023 compõem um contingente de 21,6 milhões de famílias em todo o país, aglutinando 55.262.867 pessoas.

# 6

# Incidência longitudinal por tipo de composição do agregado familiar beneficiado pelo PTRC

Uma das questões de baixa visibilidade sobre essa massa significativa de pessoas implica relembrar alguns sinais quanto à diversidade que as distingue. De fato, a cultura construída nas gestões do PBF toma os beneficiários como uma massa homogênea. Por isso entendeu-se que seria importante, antes de encerrar esta reflexão, dar visibilidade a algumas características de suas diversidades que ocorrem para além de seu modo de espalhamento territorial.

Quanto ao gênero, 42% (23.430.293) eram homens e 58% (31.832.574) eram mulheres. O Nordeste mostra concentrar mais homens beneficiários do que outras regiões do país. A concentração de população parda é de 67% no país, esse total somado aos beneficiários pretos alcança 74% do total de beneficiários, o que lhes confere o reconhecimento de maioria plena. A única região do Brasil em que a etnia branca (69%) é mais incidente é a Sul, seguida dos pardos (23%) e pretos (6%). Interessante registrar que a proporcionalidade de pretos perante pardos é mais incidente no Sul possivelmente pelo impedimento da miscigenação pela supremacia branca. A Tabela 7 esclarece a distribuição desses números.

Apesar desse significativo total étnico, o PTRC não leva em conta etnia em sua operação, criando um manto de supremacia branca a encobrir a diversidade. De acordo com os percentuais acima descritos quanto ao gênero, o PTRC mantém-se sob maioria de mulheres (58%). Portanto, as mulheres do PTRC são na maioria pardas, mas não são identificadas como tal no conjunto de beneficiários.

Quanto à idade dos beneficiários, a concentração permanece nas crianças e nos adolescentes, com predomínio na faixa de 7 a 15 anos, seguida da faixa de 0 a 4 anos. Nessas duas faixas predomina o gênero masculino. Contudo, a partir dos 16 anos, as mulheres tomam a dianteira, sobretudo aquelas entre 25 e 34 anos. A presença predominante de mulheres nas faixas etárias incide entre os beneficiários dos 18 aos 54 anos. A partir dos 65 anos são os homens que predominam.

**Gráfico 6.** Variação longitudinal do gênero dos beneficiários de PTRC entre março de 2020 e novembro de 2022

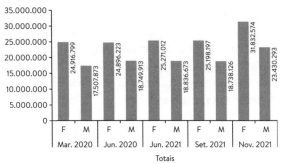

*Fonte*: Elaborado por Paulo de Tarso com base nos dados disponibilizados no Visdata. Disponível em: https://bit.ly/3HboSzx. Acesso em: 22 fev. 2023.

**Tabela 7.** Distribuição por etnia do total de pessoas beneficiárias (55.808.906) de PTRC em novembro de 2022 por região do Brasil

| Regiões | Etnia | Nº | % | % Beneficiários Etnia Por Região |
|---|---|---|---|---|
| Norte | Branca | 674.848 | 9 | 1,21 |
| | Preta | 231.455 | 3 | 0,41 |
| | Amarela | 43.228 | 1 | 0,08 |
| | Parda | 6.337.322 | **83** | 11,36 |
| | Indígena | 314.305 | 4 | 0,56 |
| | **TOTAL** | **7.601.158** | 100 | **13,62** |
| Nordeste | Branca | 3.788.176 | 15 | 6,79 |
| | Preta | 1.576.103 | 6 | 2,82 |
| | Amarela | 129.412 | 1 | 0,23 |
| | Parda | 19.090.349 | 77 | 34,21 |
| | Indígena | 142.584 | 1 | 0,26 |
| | **TOTAL** | **24.726.624** | 100 | **44,31** |

| Regiões | Etnia | Nº | % | % Beneficiários Etnia Por Região |
|---|---|---|---|---|
| Sudeste | Branca | 5.969.679 | 37 | 10,70 |
| | Preta | 1.590.940 | 10 | 2,85 |
| | Amarela | 91.845 | 1 | 0,16 |
| | Parda | 8.623.693 | **53** | 15,45 |
| | Indígena | 26.762 | 0 | 0,05 |
| | **TOTAL** | **16.302.919** | 100 | **29,21** |
| Sul | Branca | 2.729.504 | **69** | 4,89 |
| | Preta | 247.346 | 6 | 0,44 |
| | Amarela | 10.388 | 0 | 0,02 |
| | Parda | 917.065 | 23 | 1,64 |
| | Indígena | 42.211 | 1 | 0,08 |
| | **TOTAL** | **3.946.514** | 100 | **7,07** |
| Centro-Oeste | Branca | 732.825 | 23 | 1,31 |
| | Preta | 167.004 | 5 | 0,30 |
| | Amarela | 33.444 | 1 | 0,06 |
| | Parda | 2.185.973 | **68** | 3,92 |
| | Indígena | 105.951 | 3 | 0,19 |
| | **TOTAL** | **3.225.197** | 100 | **5,78** |

**Nota:** Na tabulação de "Estado cadastral da família" por "Cor e raça" pode-se obter um total de domicílios maior que a quantidade de domicílios únicos. Isso ocorre porque um domicílio com pessoas de "cor ou raça" distintas é contado mais de uma vez na tabulação do Cecad/Visdata.
*Fonte*: Elaborado por Paulo de Tarso Meira, com base nos dados disponibilizados no Visdata. Disponível em: https://bit.ly/3HboSzx. Acesso em: 22 fev. 2023.

Como se pode verificar, a proporcionalidade entre os gêneros não registra alterações ao longo do período.

Esses breves assinalamentos sobre diversidade etária, de gênero e étnica indicam quanto o PTRC poderia e deveria estar presente com suportes para mulheres jovens, homens idosos, mulheres pardas, crianças e adolescentes de 7-15 anos.

## 6.1 As famílias

Entendeu-se como adequado usar referência universal para categorizar as famílias superando o designativo que considera agregados que vivem sob o mesmo endereço ou teto. A relação entre as pessoas é o que determina a família e não o teto de vida conjunta pois este, que pode ser o céu, um viaduto, um barraco, um telhado. A partir da convivência articuladora das relações cotidianas indicam-se três tipos de unidades familiares:

- **unidade unipessoal** — característica do isolamento/abandono, conta com um adulto maior de 18 anos;
- **unidade nuclear** — assenta-se na relação de convivência entre genitores e filhos podendo ser uni ou bi parental, composta por 2 a 4 pessoas. Durante a pandemia de covid-19, a morte dos genitores levou a que um irmão com no mínimo 16 anos assumisse a responsabilidade pela unidade familiar;
- **unidade extensa** — agregado que pode ser, ou não, parental com composição de 5 ou mais pessoas.

A Tabela 8 e o Gráfico 7 mostram a incidência de famílias de beneficiários por tipo de composição. Note-se o grande movimento da coluna de famílias unipessoais de dinâmica diversa da coluna da família extensa que quase não se movimenta. O crescimento dos unipessoais tem presença em todas as Grandes Regiões[20], embora em quantidades diversas.

**Tabela 8.** Taxa de incidência longitudinal por tipo de composição da unidade familiar beneficiária de PTRC entre março de 2020 e novembro de 2022

| Tipo de família | Mar. 20 | Jun. 20 | Jun. 21 | Set. 21 | Nov. 22 |
|---|---|---|---|---|---|
| Unipessoal | 1.740.365 | 2.076.995 | 2.251.456 | 2.237.791 | 5.663.191 |
| | 13,33% | 14,54% | 15,33% | 15,29% | 26,30% |
| Nuclear 2-4 | 9.260.648 | 10.084.698 | 10.392.778 | 10.372.223 | 13.961.431 |
| | 70,92% | 70,61% | 70,75% | 70,85% | 64,83% |
| Extensa 5-8+ | 2.057.212 | 2.119.963 | 2.044.952 | 2.030.187 | 1.909.671 |
| | 15,75% | 14,84% | 13,92% | 13,87% | 8,87% |
| Total | 13.058.225 | 14.281.656 | 14.689.186 | 14.640.201 | 21.534.293 |
| | | 9,4% | 2,9% | -0,3% | 47% |

*Fonte*: Elaborado por Paulo de Tarso Meira, com base nos dados da composição das unidades familiares de 1 e 8+ integrantes. Disponível em: https://aplicacoes.cidadania. gov.br/vis/data3/data-explorer.php. Acesso em: 22 fev. 2023.

---

20. O crescimento das famílias unipessoais pelas grandes regiões do Brasil se deu na seguinte relação: NE (Mar/20 – 948.502 para Nov/22 – 2.812.692); SE (Mar/20 – 501.221 para Nov/22 – 1.797.252); N (117.912 para 488.385) e CO (61.642 para 226.382).

**Gráfico 7.** Distribuição de famílias beneficiárias por sua composição de março de 2020 a novembro de 2022

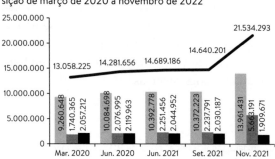

*Fonte*: Elaborado por Paulo de Tarso Meira, com base nos dados disponibilizados no Visdata: https://bit.ly/3HboSzx. Acesso em 22 fev. 2023.

Em todas as regiões ocorreu o crescimento de famílias unipessoais no total das famílias beneficiárias entre março de 2020 e novembro de 2022.

Esse caráter genérico do aumento de unidades unipessoais fragiliza o argumento de que tenha ocorrido um direcionamento estratégico pró-candidatura do candidato no governo para as eleições presidenciais de outubro de 2022 e se configura mais próximo de uma demanda da população.

# PARTE III

# 7
# Apontamentos finais

O propósito primeiro deste texto foi examinar a viabilidade da hipótese de construção de uma **trajetória escalar** entre a atual Transferência Condicionada de Renda e a efetivação no país da implantação da Renda Básica de Cidadania conforme direcionam as últimas determinações legais para o país.

Com essa intenção, elementos da experiência de **transferência condicionada de renda no Brasil** foi tensionada, sobretudo em seus eixos estruturantes, no sentido de confrontar a estigmatização que tem provocado em brasileiras/os beneficiárias/os designadas/os de "vulneráveis" ou excluídos da condição de cidadãos, sujeitos de direitos, barrando que mais de 55 milhões de brasileiros tenham perante o Estado o reconhecimento social de cidadãos. Essa é a antítese fundante entre as duas propostas e, portanto, enquanto a transferência de renda se mantiver sob gestão antidemocrática permanece mantido no país um *apartheid* de brasileiros confinados pela focalização que os segrega sem local de fala ou de manifestação. Tenha-se presente que a Renda Básica é disposto constitucional e sua implantação uma exigência do Supremo Tribunal Federal (STF). Isto a torna um direito antes mesmo de ser praticada.

O reconhecimento do **direito de cidadania** posto à priori na Renda de Cidadania — por ser cidadão tem direito a — confronta-se com o processo de gestão adotado pelo Estado no Brasil que aplica a **cidadania invertida** na gestão da transferência de renda. Para ser nela incluída/o, é preciso que o demandante convença os algoritmos da IA (Inteligência Artificial) que não são transparentes — que pode ser classificado e nominado de vulnerável, mas não de cidadão. A demonstração implica mostrar que sua renda mensal (esvaída de despesas e somada com benefícios estatais por deficiência) mostra que para sua sobrevivência, e de membros de seu núcleo familiar, conta com **no máximo R$ 7,00/dia, ou US$ 1,48.** Lembrado seja que esse valor inclui moradia, água, energia elétrica, alimentação, transporte, vestimenta, e até benefício do próprio Estado — caso tenha na família uma criança, ou adulto, deficiência ou um idoso acima de 65 anos. Renda deve ser isenta de despesa para obter benefício de transferência[21].

Ao conceber a renda como o ganho individual, sem levar em conta sua instabilidade ou mesmo as efetivas condições de vida com que conta em seu território de vida cotidiana, ou mesmo o perfil da família em que vive, a leitura da renda por um número sem avaliar a idade das pessoas incluídas nessa renda, sua etnia, gênero e sem considerar as desproteções sociais, que se põem desde o território onde vivem, é gerada a falsa ideia de trato homogêneo.

Diante do contexto histórico de discriminação dos brasileiros de renda mais baixa, na maioria negros e pardos, um novo desafio manifestado é o do esgarçamento da seguridade social que desprovida de recursos e de metas de universalização e qualificação de atenção e cobertura que entrava a construção de uma escala de atenções e seguranças sociais que lhes assegure o reconhecimento social de cidadania.

A monetarização do benefício de transferência de renda não se mostra assentada em referência com base científica. Assim ressoa a uma arbitrariedade não esclarecer o padrão de sobrevivência

---

21. O limite do benefício familiar é de R$ 600,00 na soma do ganho de todos, assim seu impacto individual não alcança valor individual com capacidade de reversão da precariedade vivida.

adotado possível com o valor do benefício. Esta marca deixa-o afastado das referências a direitos humanos e sociais, a direitos de crianças e adolescentes. Não são adotados critérios regulares de correção de valores praticados. Assim benefícios com a alta inflação perdem muito rapidamente seu poder de compra.

A análise realizada permitiu constatar que o processo gemelar entre o CadÚnico e PTRC ao não considerar despesas como componente do cálculo da renda, e ao somar o valor de benefícios monetários, como aquele direcionado à atenção de crianças com deficiência de fato, é criada uma distorção quanto à presença de desproteções sociais às demandas das famílias.

Possivelmente o Brasil deva ter um lugar único entre as nações, ao considerar que o benefício estatal recebido por uma criança com deficiência, desde sua tenra idade, seja uma fonte de provisão familiar, o que torna essa criança de imediato de dependente em provedor, transgredindo o paradigma internacional da proteção integral da infância e adolescência.

A lógica empregada na gestão da transferência de renda no Brasil é profundamente individualizada, desterritorializada, operando sob gestão centralizada sob comando de algoritmos. A gestão e o monitoramento não aplicam leitura específica de cobertura territorial, nem quantitativas, nem qualitativas. O processo de gestão não incorpora processos de escuta de beneficiários, individual ou coletivo. Não existem processos de representação e associação que tornem os beneficiários próximos do trato pela sua cidadania, sem aplicar o lugar discriminador de pobres ou de miseráveis.

O constrangimento nos valores de benefícios, e de oferta quanti/qualitativa de atenção e cuidados mostra claramente o afastamento da Agenda Fiscal da Agenda Social, que propõe a prática da mitigação o que resulta em efeito simbólico que não provoca alterações efetivas na realidade de precariedade que inclui a presença da fome.

Há baixo investimento comunicacional e analítico sobre os coletivos territorializados dos beneficiários de transferência de renda. Como se alimentam? Qual é a infraestrutura coletiva presente onde vivem? Quanto tempo levam para chegar em uma unidade de saúde, uma escola, uma creche ou em um CRAS? Como são as relações de convívio familiar?

Enfim existem vários estudos pontuais sobre a temática, mas se faz necessário que esses elementos sejam parte do debate do CadÚnico, suas análises e relatórios regulares e territorializados até os espaços intraurbanos e rurais de cidades. A perspectiva de tornar os beneficiários cidadãos de direitos exige sua inclusão em atenções para além do apoio governamental de renda mensal.

O CadÚnico como uma plataforma de dados sobre a precarização da vida de famílias brasileiras desde o lugar onde vivem, faz dele uma ferramenta para cálculos de economistas que apreciam olhar o que nominam de renda esvaída de reconhecimento social de cidadania. Não se trata aqui de uma discussão infindável sobre critérios múltiplos de satisfação de necessidades, e sim da condição de trato a partir da concepção da dignidade humana e do trato cidadão do demandante.

Sem destacar a possível presença de processos republicanos, civilizatórios, democráticos, de reconhecimento social e de valorização da dignidade humana, a transição da transferência condicionada de renda para a Renda Básica de cidadania apresenta um abismo sem estratégias de travessia. O que se destaca no caso é que, para além de valores materiais, essa travessia deve contar com aquisições de reconhecimento social de alcance imaterial.

Os elementos de transição entre Transferência Condicionada de Renda e Renda Básica de Cidadania se colocam sobretudo em ter por orientação não o vulnerável, mas, sim, o cidadão. Aqui reside forte potencial de construção de um processo de transição.

A atribuição de valor de benefício, subsídio, dedução de gasto com a criança, adolescente e ao jovem não tem um parâmetro isonômico. Veja-se que o salário família só inclui parte dos trabalhadores (ganho até R$ 1.754,18) e seus filhos até os 14 anos com R$ 59,82. Note-se que, enquanto o dependente no imposto de renda recebe o benefício de R$ 189,59 até os 21 anos, o filho do trabalhador recebe R$ 59,82 até os 14 anos. A transferência de renda fica mais abaixo ainda com R$ 50,00 por criança/mês dos 7 aos 18 anos. Cada regulação aplica um valor sem explicações sobre o que os motiva, assim como das definições de faixas etárias e suas dilatações ou restrições[22].

A construção da Renda Básica Universal implica o reconhecimento de parâmetros de referência unificados, independentes da condição social e financeira dos brasileiros. Um caminho que implica identificar e revelar práticas do Estado brasileiro adotadas em forma de benefícios, isenções, créditos fiscais em cada uma das faixas etárias e salariais, buscando elementos sobre a incidência direta e indireta nas distorções protetivas existentes.

---

22. No dia 23 de maio de 2023, a *Folha de S.Paulo* (p. A21) publicou regras para declarar dependentes no imposto de renda em 2023 (Matéria de Cristiana Gercina). A matéria alerta que contribuintes com dependentes (filhos e enteados de até 21 anos ou até 24 anos se estiver estudando) podem pagar menos imposto de renda ou aumentar sua restituição ao declará-los. Cada dependente tem um valor de dedução de R$ 2.275,08/ano (R$ 189,59/mês), podendo abater ainda R$ 3.561,50 com gastos em educação (R$ 296,79 mês) por dependente e gastos com saúde. Interessante que o cálculo de renda familiar adotado do CadÚnico não inclui despesas. Tudo seria renda para quem menos tem?

**Figura 2.** Prefiguração de uma relação escalar entre Transferência de Renda e Renda Básica de Cidadania

Fonte: Elaborada por Aldaiza Sposati e Paulo de Tarso Meira.

A Figura 2, em desenho escalar, apresenta degraus entre a transferência de renda e a Renda Básica de cidadania a partir de algumas referências:

- O suporte da escalada figurativa acima tem por assento primeiro tomar o acesso à renda fora da relação de trabalho, um princípio constitucional (§1°, art. 6° da CF-88). O disposto constitucional entende transferência de renda não mais um Programa Social de Governo, mas uma Política do Estado brasileiro pois inserida está no âmbito constitucional;

- Uma política de renda, como Política de Estado, deve ser referência de padrão para todas as regulações sociais atribuídas pelo Estado à/ao cidadã/ão adotando-a como a base de cálculo compatível desde seu trato no imposto de renda ao salário família, ou a criança e ao adolescente como ser em desenvolvimento serem dependentes. A diversidade da realidade brasileira em seu território e suas formas de ocupação faz propor um início de renda mínima com povos indígenas, quilombolas, os povos tradicionais a quem somos devedores;

- Uma terceira aproximação possível é a extensão da renda para toda criança e adolescente em valor similar àquele utilizado pelo IRPF para os dependentes de quem declara IRPF;
- Outro passo implica a adoção de renda incondicional;
- Outro implica o trato dos beneficiários com todos os direitos de cidadania que devem ter.

A transição entre PTRC e Renda Básica implica, também, tornar explícito o compromisso em promover a inclusão gradual e contínua de cidadãs(ãos), em intervalos de tempo, de modo a construir uma escala ascendente de inclusão e de empenho na reorganização das estruturas fiscais e tributárias existentes sobretudo as que subordinam o Estado Social ao Estado Fiscal. Esse movimento exige que o PTRC processe a cobertura de sua demanda, o que o direciona para a totalidade da demanda, talvez mirando em todo o CadÚnico.

Ao concluir este estudo, estava sendo apresentada pelo Ministro do Desenvolvimento e Assistência Social o texto da a MP 1.164, que recebeu 257 emendas de parlamentares sendo que o Relator, deputado federal do Piauí, acolheu somente 42 delas.

Cabem aqui breves considerações sobre a MP n. 1.164:

a) ao ser enviada ao Congresso, a MP n. 1.164 não teve construção democrática, não incorporou debates, nem foi submetida a audiências em tempo anterior a seu envio a Câmara e Senado Federal. Não se conhece quem foram seus autores, seus nomes. Sua construção resulta da adoção de forma unilateral de decisão.

b) ela introduziu um novo conceito de **Renda de Cidadania**, atribuindo-lhe um valor irrisório de R$ 142,00 mensais, ou cerca de 10% do salário mínimo por mês, sem incluir qualquer explicação sobre o uso de tal conceito e do valor escolhido[23].

---

23. O conteúdo da MP 1.164, reguladora do PBF-3, não manteve o conceito de benefício família, mas sim um valor referência passada e o valor de R$ 142 por indivíduo que vive em um agregado sob o mesmo teto. Caso a atribuição de R$ 142,00 por indivíduo não alcance o padrão de R$ 600,00, o agregado

O conjunto das reflexões desenvolvidas neste estudo permitiu alguns apontamentos a modo de síntese que são a seguir apresentados:

**PRIMEIRO APONTAMENTO:** A proposta divulgada em campanha eleitoral mantinha, na operação no PBF-3, um benefício de **valor unitário direcionado à família** e não mais a adoção de um benefício fragmentado em benefícios diferenciados dirigidos a alguns dos membros do agregado familiar. Essa proposta foi alterada pelo atual Executivo: o benefício individual é chamado de Renda de Cidadania, que atribui R$ 142,00 a cada membro da família, e o benefício criança, de 0 a 6 anos, de R$ 150,00. O valor de R$ 600,00 tornou-se um parâmetro para complementar o valor do benefício para famílias compostas por até quatro membros. Foi mantida a introdução de benefício "universal" para criança delimitado à faixa de 0 a 6 anos e acrescidos R$ 50,00 para crianças e adolescentes até 18 anos e, ainda, o benefício gestante e o de nutriz no valor de R$ 50,00 mensais por tempo delimitado. O benefício nutriz foi adotado pelo aceite de emenda apresentada no Parlamento.

---

recebe um valor de benefício compensatório do deságio face aos R$ 600,00 do governo anterior.

De todo modo, o Governo da Esperança, eleito em 2022, embora tenha incidido em campanha em retomar a marca do PBF, precisou concordar que, embora retomando o título atribuído em 2003 ao PTRC, o seu modo de operação não poderia seguir o mesmo modelo.

**SEGUNDO APONTAMENTO:** A linha de elegibilidade transitou de R$ 210,00 *per capita* para R$ 218,00/mês/pessoa. A questão que permanece diz respeito ao modo pelo qual é calculada a renda do núcleo familiar. Quais são os componentes do núcleo familiar que são considerados provedores? Como é realizada a distinção entre a renda auferida (o recebimento bruto) das despesas constantes? Como são abatidas da renda as despesas da família, a exemplo de como opera o IRPF? A partir do alargamento dos provedores da família com a presença de crianças e adolescentes (trabalho infantil) e da ausência de desconto de despesas, o valor de R$ 218,00 tende a praticar a alta focalização, eliminando várias situações de atenção.

**TERCEIRO APONTAMENTO:** Por conta do cenário brasileiro de profunda desigualdade e da consolidação do conceito de "renda mínima", talvez seja difícil alcançar um programa de Renda Básica, sem antes superar as desigualdades presentes nos modelos operativos de PTRC, de modo a que incorporem o reconhecimento social de direito de cidadania, sem destacar a discriminação pela miserabilidade e pobreza. A trajetória de experiências de renda mínima em sua diversidade não vem permitindo o pleno entendimento das implicações concretas da adoção de uma Renda Básica para além da alteração de nominação.

**QUARTO APONTAMENTO:** O PBF-1 gerou benefícios variáveis que incluíam individualmente parte dos membros de uma família. Assim, cada família recebia um dado valor de benefício. Esse modo de gestão dificultava o entendimento coletivo, na medida que era estratificado família a família. Ele foi aplicado entre 6/2003 e 8/2021. Embora esse possível trato, que se apresentava como justo à primeira vista, não garantia suficiente segurança de manutenção do valor do benefício. Os filhos alteravam a idade e, com isto tinham seu valor e benefício modificados. A situação de gestante e de lactante eram provisórias.

O valor do benefício da transferência de renda do PBF 1 e 2 operou com duas linhas de elegibilidade diferenciadas entre os extremamente pobres ou os miseráveis e os pobres. De outro modo, o PAB de 2022 entregou benefício de igual valor a todas as unidades familiares. O PBF-3 se viu compelido a manter um valor referência único em aproximação com a operação do PAB. É de se ter presente que o valor estabelecido para elegibilidade sempre foi distante de qualquer padrão de referência ao custo real da via e de uma regulação assentada em valor do salário mínimo por exemplo com correção anual.

**QUINTO APONTAMENTO:** Embora as análises de especialistas tenham insistido na observação de que **um valor único de benefício mensal para os tamanhos diversos de família** não seria o trato adequado, não parece ser esse o pensar das/os beneficiárias/os. Eles revelam que lhes é mais adequado um valor fixo único, de maior porte e garantido, do que a composição de múltiplos valores variáveis que são suprimidos com a cessação da condição que lhes deu origem.

**SEXTO APONTAMENTO:** A maturidade de quase duas décadas permite a avaliação do potencial de que possa ocorrer a transição entre concepções de renda condicional, renda mínima, Renda Básica (plena ou parcial em cobertura territorial

ou etária) e renda de cidadania. Portanto, pode-se incluir a perspectiva de serem aplicadas alterações no tempo em direção a aproximação entre as duas regulações: a transferência de renda com condicionalidades, um programa estatal sem direitos à/ao cidadã/ão, e a Renda Básica como um direito reclamável.

**SÉTIMO APONTAMENTO:** A apropriação contínua da presença/ausência de características fundantes da Renda Básica, nos modelos de PBF-1 e PBF-2, podem deixar explícitas em maior escala de entendimento as diferenças existentes entre programas de transferência de renda e o direito cidadão a Renda Básica.

Dos apontamentos conclui-se que as balizas que sustentam a operacionalização dos benefícios e as isenções estatais devem ser reguladas pela condição de cidadania e não pelo uso da discriminação e da apartação de indivíduos vulneráveis perante o grau de miserabilidade pessoal e dos seus dependentes. Um bom desafio seria reler a composição de núcleos familiares, pois há diferença entre o convívio alargado e o convívio fundado na relação provedor-dependente. Essa revisão deve ser realizada desde o CadÚnico que define o *per capita* familiar.

## A fome

O PBF-3 instala-se no país sob forte desigualdade socioeconômica e política, num tempo que registra acentuado e progressivo percentual de fome e desemprego entre as/os brasileiras/os, o que requer medidas para superação do conflito democrático e a pacificação entre opositores, em direção da reconstrução democrática do país. Em síntese, vive-se em ambiente sociopolítico bastante distinto daquele que o cercava o PBF-1, em 2003, quando ele se apresentava como uma novidade, a atenção à população sob condições de vida precarizada. Mas a **preocupação com a segurança alimentar dos beneficiários não é ainda propósito de um país** em que se considera que 33 milhões de seus habitantes esteja sob fome, sendo que 55 milhões de brasileiros de vida mais precária estão sob transferência de renda. Com certeza beneficiários e brasileiros com fome devem ter coincidências. Todavia essa dimensão não é ainda parte do acompanhamento das famílias beneficiárias. A marca da fome intensa e da miserabilidade é anunciada, mas não é incorporada ou verificado como os beneficiários se alimentam. Não se sabe de sua intensidade de fome e desnutrição.

## A participação social

A ausência de gestão dos PTRC sob direção descentralizada e territorializada a **não efetivação**

**de instâncias efetivas de controle e participação social de beneficiários,** providas com canais regulares de manifestação de requerimentos da/o cidadã/ão quanto entre outros a prazos de inclusão, contestação dos valores recebidos, avaliação do programa, entre outras manifestações revela a pouca tessitura democrática e cidadã na regulação adotada.

Aos municípios, em especial ao SUAS municipal foram designadas apenas funções cartoriais de cadastramento e informação geral e outras fiscalizatórias, com certa possibilidade discricionária de penalizar ou perdoar as famílias, no caso de descumprimento de condicionalidades e de averiguação de irregularidades. Ou seja, uma atuação que tanto quanto é violadora da cidadania e é, também, da própria ética da política pública.

## A proteção social

A ética de cidadania democrática considera o Estado responsável pela proteção social. Isto exige que a responsabilidade sobre **a oferta de proteção social preceda a exigência de cumprimento de condicionalidades pela/o cidadã/ão requerente.** Este entendimento exige que o CadÚnico contenha em seu formulário dados e elementos sobre as condições concretas do território onde está assentado o requerente, bem como a presença e capacidade da infraestrutura e dos serviços sociais públicos instalados e prontos para ofertar com quantidade, qualidade e permanência em seus serviços. As condições do território de vida cotidiana são tão importantes quanto o endereço.

Na configuração operacional dos PTRC, **a responsabilidade pela proteção social recai sobre a pessoa e a família que aparecem como devedoras e não como sujeitos de direitos.**

## O CadÚnico

O CadÚnico não considera em sua ponderação os recursos instalados no território onde vive a família, dessa forma a responsabilidade estatal pela garantia de proteção social não aparece nos dados, fica reduzida, e acaba por recair sobre a pessoa e a família que aparecem devedoras daquilo que lhes seria um direito de acesso.

A perspectiva homogeneizadora é preponderante nos relatórios do CadÚnico e, assim, a diversidade territorial e a diversidade da população não compõem indicadores de seleção para benefício. O preenchimento do CadÚnico não insere dados de setores censitários da moradia do demandante, o que dificulta o cruzamento com dados censitários do IBGE.

A estrutura do formulário do CadÚnico é centrada nos ingressos de cada um que vive sob o mesmo teto, independentemente de sua idade.

Todos são considerados fontes monetárias de aporte de renda. A soma desse ingresso é dividida pelo número de pessoas, e seu resultado é considerado o valor da renda *per capita*. A definição de família é apropriada pelo CadÚnico como um agregado de indivíduos, não sendo avaliado o formato de convivência e de sobrevivência que desenvolvem.

Esse modo de padronizar aplicado pelo CadÚnico constitui uma imposição estatal que não leva em conta as dificuldades e o déficit que existe para se contar com a provisão de um teto para morar. A antítese desse modo de pensar é manifesta pela população de rua que tem como teto o céu, comum a todos. Os movimentos da PopRua indicam em suas demandas a prioridade da House First, ou um teto individual, não institucional como um alojamento coletivo, em que possa permanecer abrigado.

## O benefício por deficiência como renda

A MP destaca que benefícios assistenciais para pessoas com deficiência equivalem à renda familiar. Assim o benefício de prestação continuada (BPC) pela MP é transmutado em aporte monetário à renda coletiva como ativo da renda familiar. Tem-se aqui uma decisão em que o Estado agrava a não cobertura da proteção social ao considerar como renda BPC, concedido pelo Estado brasileiro, como já foi aqui explicado quanto à sua natureza individual e constitucional como renda familiar. Esse benefício alcança crianças e adolescentes com deficiência; com essa decisão, eles passam da condição de dependentes a provedores da família. Sua deficiência foi monetarizada.

## A diversidade

A grande maioria de pessoas beneficiárias no PTRC são mulheres sob miséria, pardas, pretas e responsáveis familiares. Embora seja forte e presente a manifestação de movimentos e lutas pelos direitos humanos e direitos de mulheres, eles não penetram o universo de beneficiários. Não há atenção às suas diversidades, sobretudo de gênero e etnia. Essa ausência de visibilidade não é contraposta pela cultura institucional da transferência de renda, mesmo que a referência seja a atenção a 55 milhões de pessoas, das quais 74% são pretas e pardas, e 58 % do gênero feminino. **Essa diversidade não recebe qualquer identidade pela sua diversidade.**

## A presença territorial

Não foi constituído espaço para interlocução com beneficiários, nem com a realidade da relação entre os serviços sociais públicos avizinhados em um mesmo território (escola, creche, unidade de saúde, CRAS, serviços socioassistenciais). **Nada se sabe sobre o que o governo sabe, sobre a dinâmica dos postos de municipais de cadastramento**. Claro é que tais postos de atendimento não são operados por trabalhadores de nível universitário. Até porque, são estes precisam dar conta das demandas dos serviços socioassistenciais do SUAS.

A regulação do PTRC não se alinha ao assentamento territorial. A diversidade e a precariedade dos territórios brasileiros, onde se assentam a população de menor renda, não constituem conteúdo para seleção.

## Os unipessoais

As restrições a beneficiários unipessoais não os distinguem se são idosos sós, mulheres sós, pessoas sob vivência nas ruas tendo por endereço serviços socioassistenciais. Mais uma vez, são considerados sob as vestes da homogeneidade fundeada na precariedade de renda *per capita*.

A faixa etária entre 55 e 60 anos, dedicada ao trabalho doméstico e/ou braçal e com baixa escolaridade, compõe um universo de força de trabalho envelhecida pelo desgaste, sujeitada ao desemprego e/ou tarefas áridas como limpeza de banheiros, varrição de espaço públicos com baixa cobertura de segurança de sua saúde. Essas ocorrências se intensificaram na sindemia da covid-19 que vivemos ainda.

Não têm acesso à aposentadoria contributiva nem idade para se candidatar ao BPC-Idoso. Seriam unipessoais desprezíveis?

Mulheres diaristas, em grande parte pardas e negras, têm aos 55 anos sua capacidade laborativa reduzida, pois delas se exige literal desgaste de força de trabalho cotidiana, causada pela forte mobilidade corporal, desempenho de força para remover objetos e trabalho realizado em alturas diversas, além da baixa redução de desgaste, em geral amenizado pela repetitividade de rotinas, pois é um tipo de trabalho de baixa sedentariedade, a cada dia um novo local de trabalho.

Essas precárias condições de vida, entre outras, exigem antes de um diagnóstico baseado na "esperteza" da população (alguns a entendem como orientada pela vadiagem), que se busque entender o que a população de baixa renda busca como proteção social.

É de se ter presente que o trabalho informal e precarizado não atribui garantia ou segurança de renda como o trabalho formal segurado. A figura de um seguro estatal foi debatida durante a pandemia, inclusive como meio de enfrentar essa insegurança. Ocorre, ainda, um intervalo de cobertura de proteção, por exemplo para o trabalho doméstico, que, embora nem 30% dessas/es trabalhadoras/es estão registradas/os em CTPS com seus direitos afiançados[24].

## O impacto sindêmico da covid-19 e a proteção social

Não contamos com estudos que indiquem as consequências da pandemia ao determinar o isolamento sanitário. Há informes esparsos quanto ao crescimento de violência doméstica, sobretudo contra as mulheres. O que há mais? Consta-se que a pandemia ampliou a insegurança e a incerteza social. Quais os caminhos para reagir e enfrentar essa insegurança? O PTRC seria uma delas? Se isso ocorre de fato é uma dimensão importante a ser considerada.

## Estado Fiscal × Estado Social

A proposta de PTRC é atravessada pelo Estado Fiscal, não inclui a presença de direitos, dignidade, democracia, próprios do Estado Social, e

---

24. Denúncia recente da presença de mão de obra escravizada tratada sob violência em vinícolas de Bento Gonçalves, além de estarrecedor, demonstrou o sofrimento dos trabalhadores informais explorados. Notícias de trabalhadoras domésticas escravizadas persistem.

muito menos a participação social na discussão da proposta em causa.

## Da transferência condicional de renda a Renda Básica de cidadania

A redação da MP 1.164 apresenta em parágrafo único do artigo 1º a frase em que afirma que a transferência de renda é um passo primeiro para efetivar a Renda Básica. Sem dúvida, o conteúdo do artigo não deixa de ser uma frase retórica, pois uma das solicitações apresentadas ao Ministro do MDAS e também na forma de emenda à MP 1.164 foi a da Constituição de um grupo de trabalho no Ministério para iniciar uma discussão sobre os passos estratégicos para esse caminhar. O pleito para que o Ministério instalasse um Grupo de Trabalho, em atenção ao texto legal, voltado para examinar a gradualidade possível entre transferência de renda para a Renda Básica de Cidadania foi negado sob **o argumento de que seria legalmente impertinente, de que seria uma proposta inconstitucional.**

# Referências

BRASIL. Ministério do Desenvolvimento Social, Família e Combate à Fome. *O Brasil sem miséria*. Brasília, DF: MDS, 2014. v. 1. Disponível em: https://www.mds.gov.br/webarquivos/publicacao/brasil_sem_miseria/livro_o_brasil_sem_miseria/livro_obrasilsemmiseria.pdf. Acesso em: 15 ago. 2023.

BRASIL. Ministério do Desenvolvimento Social, Família e Combate à Fome. *Política Nacional de Assistência Social (PNAS/2004) e Norma Operacional Básica (NOB/SUAS)*. 1. ed. Brasília, DF: Ministério do Desenvolvimento Social e Combate à Fome, 2005.

BRASIL. Ministério Do Desenvolvimento Social, Família e Combate À Fome. Secretaria de Avaliação e Gestão da Informação. *Cadernos de Estudos Desenvolvimento Social em Debate*, Brasília, DF, v. 13, n. 1, 2005.

BRASIL. Ministério do Desenvolvimento Social, Família e Combate à Fome. Secretaria de Avaliação e Gestão da Informação. Secretaria Nacional de Assistência Social. Universidade Federal do Rio Grande do Sul. *Caderno de Estudos em Conceitos e Instrumentos para o Monitoramento de Programas*. Brasília, DF: MDS/SAGI/SNAS, 2014.

CASTRO, Jorge Abrahão de; MODESTO, Lúcia (org.). *Bolsa Família 2003-2010*: avanços e desafios. Brasília, DF: Ipea, [20--]. v. 1.

FRIZZO, Fábio Afonso; KNUST, José Ernesto. A anatomia do macaco: marxismo e pré-capitalismo. *In*: CEMARX — VII COLÓQUIO INTERNACIONAL MARX E ENGELS. p. 1-10, 2012.

GERCINA, Cristiane. Contribuinte tem menos de 30 dias para declarar o Imposto de Renda 2023. *Folha de S.Paulo*, p. A21, 2023. Mercado.

MARX, Karl. *Grundrisse*: manuscritos econômicos de 1857-1858 — esboços da crítica da economia política. Rio de Janeiro: Editora UFRJ; São Paulo: Boitempo, 2011.

SPOSATI, Aldaiza *et al.* (org.). Estudos Temáticos no biênio 2020-2022 — "Renda Básica de Cidadania: Cenários para o Brasil Pós-Pandemia". Projeto FTAS-RBRB, p. 326, 2022. Disponível em: https://us3.campaign-archive.com/?u=857a3b8a97c59f97e9bed6e05&id=ae1cbaf7a2. Acesso em: 9 mar. 2023.

SPOSATI, Aldaiza (org.) *Renda mínima e crise mundial*: saída ou agravamento? São Paulo: Cortez, 1997.

SUPLICY, Eduardo Matarazzo. *Renda de cidadania*: a saída é pela porta. 8. ed. São Paulo: Cortez, 2022.

SUPLICY, Eduardo Matarazzo. Um sonho cada vez mais real. *Folha de S.Paulo*, p. C6, 2023. Ilustrada.

# Sobre o/a autor/a

**ALDAIZA SPOSATI** | Professora titular sênior da Pontifícia Universidade Católica de São Paulo (PUC-SP), com pós-doc pela Faculdade de Economia/Universidade de Coimbra. Pesquisadora do Nepsas/PUC-SP; da carreira do CNPq. Coordenou a equipe brasileira por 7 anos em dois projetos Capes-Cofecub: em Paris na École des Hautes Études en Sciences Sociales (EHESS) e na Université de Grenoble Alpes; militante da RBRB-Associação Rede Brasileira de Renda Básica; colaboradora técnica (FTAS) Fundação Tide Setúbal.

**PAULO DE TARSO MEIRA** | Gestor público, pesquisador, militante. Graduado em Gestão Pública pela Universidade Metodista-SP, gestor no Sistema Único de Assistência Social (SUAS). Pesquisador do Núcleo de Estudos e Pesquisas sobre Seguridade e Assistência Social (Nepsas), da PUC-SP, doutorando pelo PPGSS da PUC-SP, mestre pela PUC-SP, membro da Rede Brasileira de Renda Básica (RBRB). Milita em lutas pela Proteção Social Distributiva, sobretudo na efetivação do SUAS.